图文书创意 新思维

吴昉 著

南京大学出版社

图书在版编目（ＣＩＰ）数据

图书文创新思维 / 吴昉著 . -- 南京：南京大学出
版社，2022.8
ISBN 978-7-305-25825-1

Ⅰ.①图… Ⅱ.①吴… Ⅲ.①图书出版－文化产业－
研究－中国 Ⅳ.① G239.2

中国版本图书馆 CIP 数据核字（2022）第 089832 号

出版发行　南京大学出版社
社　　　址　南京市汉口路 22 号　　　　邮　编 210093
出 版 人　金鑫荣

书　　　名　图书文创新思维
著　者　吴　昉
责任编辑　刁晓静

照　　排　南京新华丰制版有限公司
印　　刷　南京凯德印刷有限公司
开　　本　889×1194　1/16　印张 10　字数 280 千
版　　次　2022 年 8 月第 1 版　2022 年 8 月第 1 次印刷
ISBN 978-7-305-25825-1
定　　价　68.00 元

网址：http：//www.njupco.com
官方微博：http：//weibo.com/njupco
微信服务号：njuyuexue
销售咨询热线：（025）83594756

序 言

当前我国出版体系正处于多业态共同发展的融合期，新业态不仅包含传统出版、数字出版、图书文创、新媒介传播，还紧密关联书店行业、文旅产业、版权产业、印刷产业，以及高校产学研发、人才培养等多方面，打造出版文化品牌对提升国家软实力意义重大。出版业态融合发展的现状对传统出版业提出了选择、重构、创新的发展新要求，也使原本单一的出版设计理念发生了相应改变。就图书文创思维创新的角度而言，主要集中体现为出版产业与文化创意产业更紧密地关联，以及在媒介载体与设计传达方面呈现的新、旧媒介转化与融合发展趋势。

创意产业是 20 世纪 90 年代兴起的新兴产业，1998 年"创意产业"作为文化产业与新经济的结合物，由英国文化、媒体与体育部（Department for Culture, Media & Sport, 简称 DCMS）正式提出，将产业范畴界定为 13 个部类，"出版"是其中一大类。2009 年在联合国教科文组织发布的《文化统计框架》中，7 个部类被认定为文化产业的核心组成部分，其中"书籍出版与发行"作为一个独立大类单列。在我国，台湾和香港地区最先引进创意产业概念，《2003 年台湾创意产业发展报告》中将文化创意产业具体界定为 13 个门类，香港 2003 年发布《香港创意产业基线研究》，将创意产业范畴统一为 11 个门类，两者皆将"出版"独立纳入分类。2018 年 4 月，国家统计局颁布《文化及相关产业分类（2018）》，共设置 9 个大类，01-06 大类为文化核心领域，07-09 大类为文化相关领域。与出版相关的领域主要集中在 01 类新闻信息服务、02 类内容创作生产、04 类文化传播渠道，均隶属于文化核心领域，由此可见，出版业在现代创意产业中的文化核心地位。现代出版在创意产业中能否实现价值创新，是新时期融合出版业态转型的重要方向之一。

随着现代出版产业在文化产业整体所占比重的逐年提升，出版业不仅要面向传统出版与数字出版的共存状态，更需要凭借与文化产业的交叉融合，拓展出更多元的产业需求和市场空间。新兴出版与传统出版的融合发展期待更具时代性和创意度的出版策划与文化产品包装。因此，对现代出版设计理念的研究，以及对图书文创新思维的提出，将为传统出版业的转型升级提供具有创造性的建设思路。

另一方面，多元媒介共存的时代也为现代出版设计理念提出全新的要求。从手抄本到印刷本，由平装出版形式到 19 世纪精美出版运动，经历了传统有形媒介与数字虚拟媒介，图书出版以"再媒介化"的现代出版理念探索未来发展趋势。在媒介与传播研究领域，"再媒介化"（remediation）是一个常用术语，它通常指新媒介从旧媒介中获得部分形式及内容，并且继承了旧媒介中某种具体的理论特征与意识观念。跨越传统有形媒介进入数字虚拟媒介，现代出版产业的发展不仅受到一定政治经济文化的影响，媒介技术的进步、新旧媒介的转换与融合，不断以独特的"再媒介化"方式重塑出版意识与文化观念。对出版新业态中图书文创领域"再媒介化"发展特征的研究，将为出版文化的传承与创新、出版产业的拓展与布局赋予积极的时代意义。本书分析、比较传统出版物的媒介展现形式与现代出版理念下的"再媒介化"创造过程，通过实际案例论述现代出版设计理念与图书文创新思维，以独特的视角观察、剖析出版业态与出版经济，总结传统媒介与新媒介的复合性特征，进而探讨整合不同媒介优势的有效方式，激活融媒介时代的文化产业能量。

此外，从文化产业最初的概念起源与门类划分可知，创意产业被界定为纯文化与艺术产业、娱乐与版权产业两大类。因此，当前以版权保护为基础的文化产业需求被不断强化，这促使着包含图书出版在内的版权知识经济向更关注文化与创意设计的方向发展。本书部分研究内容依托与上海三联书店开展的"新经济、新业态背景下图书文创新模式探索"合作项目，通过行业调研、产品研发、版权共享等途径，借助政府、行业、高校平台，结合学术研究与社会实践，在图书文创产品研发、知识版权共享模式创新、传统文化现代转化等方面，进行具体案例分析，期待为出版文化产业的转型发展提供些许有益的启发。

目　录

第一章
传统出版文化市场的拓展

图书是传统出版产业最主要的产品，有关"图书"的概念界定，《牛津简明英语词典》将其定义为"可携带的，书写或印刷在被固定在一起的若干纸张上的论述；登载在一组纸张上的著作"；《大英百科全书》则在此基础之上引入了"阅读"与"传播"的内涵，释义为"一份具备一定的篇幅，以书写（或者印刷）方式记录于质轻、方便携带的材质之上，用于在公众间流通信息；传播的工具"。英国图书设计专家安德鲁·哈斯拉姆（Andrew Haslam）从书籍的文化力与影响力视角，将"图书"定义为"由经过印刷、装订的一系列纸页构成，跨越时间和空间，保存、宣传、传播知识的可携带的载体"。① 可以认为，经由传统出版业大量出版、印行的图书成就了人类历史上第一个大众媒体，而图书产品的商业价值直接影响了传统出版产业的市场构成与发展方向。在很长一段时期内，图书

及报纸、期刊、杂志等纸质平面媒介曾占据大众传播的主流领域，然而自19世纪末20世纪初起，依托于影像技术的大众媒介新形态开始陆续出现，媒介技术进步促使着传统出版图书市场发生相应转变。此后，全球范围内网络技术与数字媒介汹涌席卷，彻底改变或者说极大扩展了大众传播的途径，由此提升了读者消费群体对出版业转型与图书市场升级的内在期待。伴随着传统出版突破以纸质媒介图书为经营主体的目标诉求，与之相关的图书策划、设计、生产、销售等方式也发生了一系列改变。一方面，就出版文化商品而言，图书、音像产品、电子产品、动漫产品、文教用品等已成为出版发行的主要经营产品；另一方面，从出版文化市场的发展与延伸角度看，新型实体书店、文创产品、读者空间、咖啡小吃、酒吧餐饮等也俨然成为书业文化融入大众生活的新载体。创造适合市场的产品，

---

① （英）安德鲁·哈斯拉姆：《书籍设计》，王思楠译，上海人民美术出版社2020年，第8-9页。注：《大英百科全书》释义出自1964年第一版，第3卷，第870页。

整合社会资源，优化产品生产顺序等要素正驱使着传统出版业"上游"加快改制的步伐。①

回溯出版历史，探索传统出版产业拓展文化市场、丰富出版产品的发展历程，其中"传统"的内涵实际蕴含两个维度，其一指纵向的历史时间，近代印刷技术与出版文化的繁盛为出版产品的商业市场拓展提供了生产与创造的资本，出版业涉猎除图书以外的文化商品市场早有先例；其二指以传统图书产品为核心衍生的特色文化产品，这类创意产品围绕图书主题，目标为宣传、推广图书，丰富并提升图书整体策划的范畴与审美水平。针对上述两方面梳理、研究"传统"出版产业的文化市场延伸，其中不乏新见。

第一节　近代出版文化商品衍生与制造

19世纪末20世纪初，以上海为中心的印刷业与出版业辐射全国，承载了时代发展对信息传播与文化记录的重任，印刷文化与商业文化的双重繁荣，使当时的书业市场不断扩大经营范围。在社会经济的推动下，上海的印刷科技得以大幅进步，出版业的兴起以及大批新型知识分子的聚集，促使上海成为20世纪初中国最大的文化中心与全国报刊出版中心。此外，诸如月份牌、烟草印刷、火花等也成为这一时期城市印刷文化与商业文明的产物。印刷技术方面，近代上海在经历了锌版、石印、铜锌版印刷阶段后，进入了影写版（照相凹版）阶段。1926年，由伍联德创办的《良友》画报采用影写版印刷，开启了上海画报史的新时期。②至20世纪30年代，上海地区的出版业处于商业文明发达、多元文化融合的都市文化繁华期，当时全国80%的印刷文化集中在上海，包括印刷公司、出版公司、书店、报纸、杂志社等。李欧梵先生曾在《都市文化与现代性》中将这一时期上海的印刷出版文化称为"想象的风貌"，意指由都市印刷与出版引领大众对中国现代性的想象与憧憬。③与此同时，30年代"大众文化"运动蓬勃发展，左联就"文艺大众化"展开讨论与社会实践。邹韬奋提出"促进大众文化"的口号，大众文化、商业文化、娱乐文化成为这一时期都市新的文化认同。

---

① 参见汪耀华：《出版空间：理念与务实构架》，上海大学出版社2009年，第32页。

② 参见《中国画报发展之经过——为〈良友〉一百五十期纪念号作》，转自阿英：《晚清文艺报刊述略》，古典文学出版社1958年，第90-99页。

③ 李欧梵：《未完成的现代性》，北京大学出版社2005年，第126-143页。

近代上海的大型综合出版商如商务印书馆、中华书局等通过技术与设备的先进化追求更大的市场空间，它们将编辑、印刷与发行集中于一个公司之内，一家出版商的名誉很大程度上取决于出版文化与商业市场两者的平衡。[①] 当时上海出版业具代表性的商务印书馆、中华书局、世界书局、大东书局等都同时具备出版印刷与文创销售的业务实力，在福州路、山东中路、河南中路等多处构成独特的近代都市出版文化空间，这些融合空间不仅是全国优秀文化机构停靠的码头，也是传统出版业向外拓展文化商品市场的源头。

自1897年商务印书馆开创至20世纪初，被誉为上海"文化一条街"的福州路上陆续开设了中华书局、大东书局、世界书局、开明书店、传薪书局等，均建有宽敞的门市部，最终形成以"商、中、世、大、开"五店为首，中文、外文和古旧书三类图书出版业鼎立的上海出版发行格局。抗战爆发前，福州路上新旧书店多达300余家，多数资本雄厚的出版单位聚拢此地，出版图书占据全国60%以上。[②] 除了书业发展之外，福州路上的仪器文具业同样兴

隆，传统文房四宝逐渐向现代仪器文具转化，消费市场也日益扩大。或许是由于受到不同业态共存共荣的影响，出版商最早开发的文化商品以文具为主，如美生印书馆在19世纪后期就已开始兼营文具。若论及近代中国出版文化商品衍生制造及市场拓展的出版业代表，当属创立于19世纪末的商务印书馆。1897年，商务印书馆由夏瑞芳、鲍咸恩、鲍咸昌、高凤池创办于上海，最初以承印商业簿册、账本为主。1902年，商务印书馆聘请了清末进士、教育家张元济为编译所所长，自此主要业务由印刷转向出版。1903年，商务印书馆又与日本书商合股，成立股份有限公司，及至1914年日商退股后成为集编辑、印刷与发行一体的最大民族出版企业集团。20世纪20年代，商务印书馆增资至500万元，成为全国最大的出版企业，年出版图书达289种，[③] 随着业务范围不断扩张，其文化商品开发的种类之多也令人赞叹。作为中国早期出版文创的发端者，商务印书馆曾刊发广告声明有逾两千件文化商品在售，使之成为这一时期领先全国、极具标杆性的出版文化市场开拓先驱。近代上海商务印书馆的文

① 转引自（美）芮哲非：《谷腾堡在上海：中国印刷资本业的发展：1876~1937》，张志强等译，商务印书馆2014年，第17页。
② 参见胡远杰：《福州路文化街》，文汇出版社2001年，第2页。
③ 胡远杰：《福州路文化街》，文汇出版社2001年，第100页。

3

化商品研发与广告营销模式体现了传统出版业探索文化商品市场的雄心。

（一）纸质文化产品的生产与经销

商务印书馆坚持拓展经营业务，除图书出版以外，还经营各类纸制印刷品，如礼券、礼贴、堂幅、贺年卡片、明信片、日历、日记本等。这类纸质印刷产品的成功制造得益于商务印书馆先进而完善的印刷设备。在一则 20 世纪 30 年代的《商务印书馆印刷消息》中记录了有关"彩印设备行将完全"的介绍：自一·二八国难馆内设备尽毁后，复业的商务印书馆为适应社会需求，对设备力求充实，"平版方面之大型照相机，大型钢玻璃雕刻凹版之电机印刷机，影写版方面之各种彩色设备"均积极购置，可完全承印各类印刷商品；平凹版技术方面则实现了"空前最高印数"，在承印云南村图表时印数达十二万五千张，用纸二百五十令，经一星期一版一气印竣，而版面仍相当完好。①

作为近代著名的出版机构，商务印书馆在传播文化知识与引进印刷技术方面有着巨大贡献。在近代印刷事业繁荣之前，传统的雕版印刷术始终是中国线装图书的

主流印制方式。商务印书馆非常崇尚科学技术，重视吸收国外先进印刷理念，从创办伊始就采用当时先进的凸版印刷技术与铅活字印刷，引进照相石印术。1905 年开始使用彩色石印技术，1907 年采用珂罗版印刷，1922 年引进双色胶印机，成为我国率先使用胶版印刷技术的出版商。至 1930 年，商务印书馆采用凹版印刷中的影写版技术，印制发行精美异常的《良友画报》，开启商业画报时代热潮之先河。商务印书馆还斥巨资扩建厂房，引进日、美、德先进印刷设备和技术，如照相制版、三色叠印等。这些措施缩小了与先进国家在印刷技术方面的差距，提高了劳动生产力，降低了生产成本，保证了印刷质量。②1910 年，商务印书馆编译所所长张元济先生远赴国外考察学习，回国后为了编辑书刊的需要，专门设立了美术室（又称美术股），隶属于编译所事务部门，如图 1-1 所示。这一时期，商务印书馆的经营范围大规模拓展，除了馆内出版的图书，开始经营原版西文书籍、文具、印刷机器、仪器、标本、字模等。广告、设计以及艺术印刷都成为商务印书馆利润的增长点，被纳入业务拓展范围。由于商务印书馆的开创者此前多为印刷从

---

① 参见《商务印书馆印刷消息（一）（二）》，《同行月刊》1936 年，第 4 期，第 12、16 页。

② 参见上海市历史博物馆编：《20 世纪初的中国印象——一位美国摄影师的纪录》，上海古籍出版社 2001 年，第 212、230 页。

图 1-1 商务印书馆民国初年绘画部职员工作情景 ①

业者，对于大众艺术类的印刷品兴趣较大。在这样的背景下，美术室的业务逐渐扩大，生产推出的纸质类文化产品占据商业文化市场的比重不断提高。20 世纪初，传教士出版机构曾占据中国出版的大壁江山，其中生产规模较大的印刷出版机构，如美华书馆、广学会、修文馆、墨海书馆、申报馆、捷报馆等均集中于上海。较之国外背景的机构而言，商务印书馆是本土和民族的，这更容易让员工形成文化自信和企业认同感，萌生扩充本土出版文化衍生产业的经营意图，进而形成真正的文化创意。美国摄影师施塔福（Francis Eugene Stafford）曾于 1909 至 1915 年来到中国，在商务印书馆担任摄影记者，六年时光留下了许多珍贵的影像资料，从中可以看到近代商务印书馆通过精心构建不同组织机构，增设业务部门，整合馆内出版与设计实力，从而拓展多维产业的努力。

对于一家出版印刷企业，商务印书馆

① 图片出自上海市历史博物馆编：《20 世纪初的中国印象——一位美国摄影师的纪录》，上海古籍出版社 2001 年，第 233 页。

在发布商品广告方面占据了很大的优势，它的出版物本身就具备广告效应，在出版物内附上多页自家生产开发的商品广告页，是当时最常用的出版文化商品推广途径。在一本由商务印书馆于1922年出版的《上海商业名录（增订三版）》中，刊登了多幅图文编排设计俱佳的商品广告页，可以一窥商务印书馆涉猎广泛的营业品种。在所展现的营业要目中，依托强大的印刷技术实力，商务印书馆推出的承印业务包含中西书报、五彩图画、证书钞票、股单章程、簿册名片、屏联堂幅等，售发印刷用品、各种纸料、

五色油墨等，如图1-2至1-3所示。纸质印刷文化产品是商务拓展文化市场的大宗品类，比如在"代印礼帖"业务广告页上，印有"本馆自制各种请客礼帖，中西式均备，花样艳丽，金色红色墨色印字可任客拣选"的营销文字；在"五彩精印礼券"的广告页上则印有"本馆新制五彩泥金礼券，分二角五角一元五元四种，取携既便，式样又佳，购作赠送奖给之用，最为适宜。凡本馆图书仪器文具笔墨牋纸等品，均可凭券兑取，又可作各种喜庆送礼之用。"商务印书馆还自制中西式信纸信封，式样优美，可随客

图1-2　商务印书馆发行礼券广告页

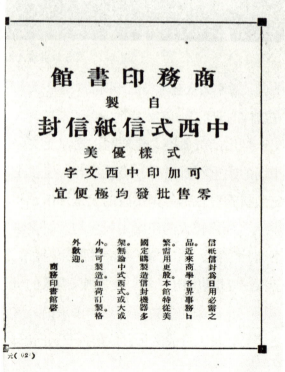

图1-3　商务印书馆自制中西式信纸信封广告页

户需求加印中西文字且零售批发均价格便宜，在广告页中写道："本馆特从美国定购制造信封机器多架，无论中式西式，或大或小，均可制造。"此外，在推荐商务印书馆订制堂幅时，广告页中直接使用了醒目的文字大标题"府上缺少屏联堂幅乎？"宣传文案写道："请用本馆精印的名人书画，最古雅，最便宜，大小各式俱全，有下面四大特点：（一）影印名人书画与真迹丝毫无异，成本只计纸料及印工，故售价极廉。（二）精选上等贡宣金笺，色泽古雅，年久愈佳。（三）单色用珂罗版，深浅分明，彩色用彩印或请名手设色钩金，用上等赤金。（四）图章用上等印泥，经久不油不黑，绫绡装裱俱用国货，堂幅轴头用真红木并不加价。"① 除这类随刊插印的产品广告页外，商务印书馆还另印目录函，提供寄送客户服务，积极拓宽营销推广的渠道。

在传统纸质媒介阶段，商务印书馆凭借领先全国的印刷与出版实力，提升出版业务在纸质印刷产品市场的认可度，无论是产品的生产与制造，抑或报刊杂志上的广告编创与宣传，都展现了商务印书馆在经营模式与出版理念方面的开放性与先进性。

（二）文具仪器类产品的监制与发售

近代由商务印书馆开发的产业市场中另一大产品类型是中西文具仪器类，诸如自来水笔、铅笔圆规、计绘图器、文房用品、标本、制具，打字机、印刷机、装订机等皆属此类。商务印书馆最初设立的仪器制造部，位于厂房后厂制造机器部的楼上，特聘良工巧匠精制各种当时学校应用所需的理化器械、药品、人体动植矿物标本模型，以及幻灯、音乐、测量、绘图、体操等相关器具。仪器制造部还另设样品房，用于陈列各种精美产品，以供参观和研究。商务印书馆仪器制造部的产品数量曾占中国同时期同类产品的 75%，② 如图 1-4 所示。

由于出版与文具在产业及产品文化功能方面的关联相对紧密，早在清朝光绪十一年，就有专业书店如英国传教士傅兰雅创办的格致书室，专营科技图书与文具仪器。此后于光绪二十六年创办的上海朵云轩，其门市专售装裱书画、文具用品等。光绪二十七年，科学仪器馆在上海创办，门市专售自制的理化器械和科学译刊。光绪二十八年，西泠印社书店创办，门市专售金石、考古、美术图书等。③ 传统文房四宝与近代

---

① 以上产品广告介绍均出自：《上海商业名录（增订三版）》，商务印书馆 1922 年，广告页。

② 上海市历史博物馆编：《20 世纪初的中国印象——一位美国摄影师的纪录》，上海古籍出版社 2001 年，第 233 页。

③ 参见上海通志编纂委员会：《上海通志》第九册，上海社会科学院出版社，第 6116 页。

图1-4 商务印书馆仪器制造部员工工作情景

文具仪器始终是书斋文化与学堂教育不可或缺之物，因而伴随着书业沉浮，成为近代出版业拓展文化市场、促进产业融合发展的核心领域。

20世纪初期，商务印书馆的文具仪器产品生产就已达到一定规模。1905年9月1日的《大公报》上曾刊登过一则商务印书馆的自制文具仪器广告，文案中特别声明在商务印书馆位于上海宝山路的印刷所内设立了制造厂，聘请专门技师制造各种仪器文

具，已有成品二千余种，包括理化器械570余种、博物器械100余种、测绘器械90余种、标本模型240余种、文房用品640余种、音乐器械50余种、体操器械110余种、玩具恩物180余种。① 在倡导国货强国、洋为中用的时代氛围里，商务印书馆不断精进业务实力，开拓国货产品市场范围。当时中国"社会盛昌，采用国货之议，政界学界提倡尤力。教育部亦通令各省凡属教育用品，咸宜采用国货"，商务印书馆因此着力加工、

_____

① 参见《商务印书馆 自制文具仪器》，《大公报》1905年9月1日，星期二，广告页。

制造各种优质学校用品，以备各校采用，"并于发行所成绩室中扩充地位，将自制各种用品名标列目、分类陈设"。①此外，商务印书馆还聘请制造专家周厚坤担任监督，以期精益求精。周厚坤毕业于美国麻省理工大学，所学专业为机械科，是全美第一位航空工程硕士，拥有全美飞行会金牌，曾被美国可的斯飞机公司聘为工程师，也是中文打字机之父。商务印书馆任用周厚坤监制仪器文具及印刷机器，特将其被聘用时的四项声明作为今后馆内遵循的制造特色：

"一、欧美制品虽极著名，亦非无改良之余地，……改仿造为制造，以适用为目的，凡有应行更改者，必斟酌修改，以归于至善，惟求增进其效用，不求形式之毕肖。

二、欧美制品既出自外人之手，即有宜于外人不宜于吾国之处，……取其所长、舍其所短，……

三、本馆制品既以供本国人士用，即有提倡本国出产、开辟利源之义务，故凡一切原料，苟其为我国所自有可以代用，其质地仍不亚于外货者，即一律将土货供用，以期内地产品多一出路。

四、现以时势艰难，学费支绌，故学校需用仪器价目必当求其低廉，但使工价能减省一分，则学校即可轻一分之负担，……不求外观之耀，实为学校节省无形之耗，……"②

商务印书馆在开拓文化产品市场的过程中，非常关注本土制造业与教育事业。20世纪30年代国货运动与本土文化在上海再掀热潮，1932年一批民族企业家在上海成立了"中华国货产销协会"，第二年上海中国国货股份有限公司（简称国货公司）开业，爱国热情与国货运动使市民对本土文化与国产品牌投以更多期待。1933年被称为"国货年"，此时的商务印书馆才经历过"一·二八"事变中总厂遭焚毁的打击，仍竭力以辅助文化教育、提倡国货为职志，除经营出版事业外，委托各专门厂家分别制造各项产品供学校使用，并于当年1月28日至2月11日举办国货学校用品展览会，将各项出品罗列展览、观摩比较，以期发扬光大。产品类目包含物理器械、化学器械、标本模型、运动用品、音乐用品、童子军用品、测量器械、华文打字机、绘图用品、文具、教具等。

在文具仪器类产品制作与生产质量方

---

① 参见《商务印书馆自制国货学校仪器文具》，《时报》1916年2月13日，星期日，广告页。
② 《商务印书馆特聘美国麻省理工大学机器科学士周厚坤君监制仪器文具印刷机器》，《时报》1916年4月16日，星期日。

面，商务印书馆曾先后参加四届世界博览会，荣获数十次奖项，引领行业发展方向。1916年，商务印书馆的仪器文具与印刷机器产品荣获农商部国货展览会特等奖及一、二等奖20余项，其中特等奖荣誉为科学仪器模型52种，三号印刷机、石板印刷机、凸版印刷机、脚踏印刷机、印刷品20种，一等奖荣誉为动物标本、昆虫标本、矿物标本、矿山模型、风琴、蒙台梭利教授用具、誊写版及附属品、毛笔、墨、喷雾器、打洞机、自来墨架。①《新闻报》为此特别

刊登商务印书馆获奖等次荣誉榜，如图1-5所示。除此以外，在其他中外赛会上商务印书馆的文化产品也多有斩获，曾获天津劝业展览会一等奖，松江府物产会一等金牌，南洋劝业会一等奖，德国特来斯登万国博览会最优等金牌，意大利都朗万国博览会金牌、最优等奖，江苏筹办巴拿马赛会出品协会一等奖，美国巴拿马万国博览会大奖章、名誉优奖章等。获奖荣誉成为商务推广品牌产品的最佳广告，如图1-6所示。

图1-5 《新闻报》1916年11月27日刊登商务印书馆农商部国货展览会得奖等次

图1-6 《申报》1920年12月11日刊登商务印书馆自制中西文具获奖名目②

① 《农商部国货展览会上海商务印书馆仪器文具印刷机器得奖等次》，《新闻报》1916年11月27日，星期一，第一版。

② 《上海商务印书馆自制中西文具》，《申报》1920年12月11日，星期六，第14版。

（三）教育及益智类产品的开发

商务印书馆创办时即以"昌明教育，开启民智"为经营理念，开展以出版为核心，服务教育事业的多种业务，教育及益智类产品的制造与生产是商务印书馆占据文化市场的另一大领域。不仅如此，商务还创办学校、图书馆，生产教具，甚至拍摄教育电影、制造教育幻灯片，以引人瞩目的姿态活跃在近代文化教育领域。

1910 年，张元济先生历时一年，考察西欧、日本等国的教育、出版、印刷，认为国之强大全系教育，而教育的根本则在于儿童，因此作为教育当代儿童的重要方法，发展教育玩具和儿童恩物的生产业务是商务印书馆刻不容缓的时代任务。所谓"恩物"，是由德国学前教育家福禄贝尔（Friedrich Froebel，1782~1852 年）发明的一套以球体、圆柱体、立方体为核心组成的玩具，"恩物"即恩赐物的简称，此后泛指送给儿童的礼物。回国后，张元济参考了多种西方教育玩具，有针对性地设计了一款适用于中国儿童的纸类游戏玩具《打猎图》，并于 1911 年由商务印书馆生产、发售，如图 1-7 所示。[①]

将益智类玩具与儿童教育相结合的理念在清朝末年仍属罕见，张元济身为近代出版家，提出"扶助教育为己任"并以此作为商务印书馆的出版方针，中国第一套儿童识字游戏《学部审定五彩精图方字》即由商务印书馆于 1908 年出版。[②]1917 年，商务印书馆正式设立玩具制作部，翌年开始制造教育玩具。1918 年，中国第一台有花样铁皮印刷机由上海商务印书馆引进，提高了玩具类产品的品种数量与生产质量。馆内对生产、推广教育玩具不遗余力，在宣传商务自制售发的教育玩具广告页上印有"玩具为儿童的恩物，活泼儿童的情思，增进儿童的知识。儿童有了玩具，就可免除一切坏的习惯了"，如图 1-8 所示，为各种玩具赋予幼稚教育的功能。面对国内文化教育市场，商务印书馆特别印制产品目录，市民只需索要即可提供寄送服务；而针对国际市场，20 世纪 20 年代，商务印书馆专门出版了英文版教育玩具批发目录，内容图文并茂，设计精良，如图 1-9 所示。

在媒介材质方面，商务印书馆出品纸制玩具、木制活动玩具、铁皮玩具等各类产品。其中纸质媒介尤其体现出版业印刷业务的强项，因而是最初也是最常见的教育玩具媒介形式。20 世纪 20 年代前后，商务印书馆通过出版由施咏湘编辑的《玩具图说》（手

---

① 图 1-7 出自陈国泰：《中国小玩意》，上海三联书店 2021 年，第 25 页。
② 参见陈国泰：《中国小玩意》，上海三联书店 2021 年，第 20-23 页。

图 1-7　商务印书馆 1911 年生产的纸质儿童游戏玩具《打猎图》

图 1-8　商务印书馆自制教育玩具广告页①

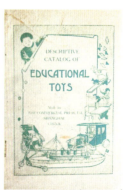

图 1-9　商务印书馆出版英文版教育玩具批发目录②

---

① 《上海商业名录（增订三版）》，商务印书馆 1922 年，广告页。
② 图 1-9 出自陈国泰：《中国小玩意》，上海三联书店 2021 年，第 23 页。

工丛书）（如图 1-10 所示）、五彩精印《五彩精图方字》《看图识字》《九九指数牌》《儿童教育画》等图书，使传统纸质媒介的图书成为儿童益智类玩具产品的传播载体。诸如中国近代玩具史上第一套儿童识字游戏《五彩精图方字》（如图 1-11 所示），以及自 20 世纪 10 年代起陆续制造生产的"常识牌""军人牌""植物牌""中国历史牌""中国地理牌""世界地理牌""英文字母牌""英文会话牌""九九数牌""五彩国旗牌""动物牌"（如图 1-12 所示）等 24 种国民纸类游戏玩具，都是商务印书馆凭借雄厚的

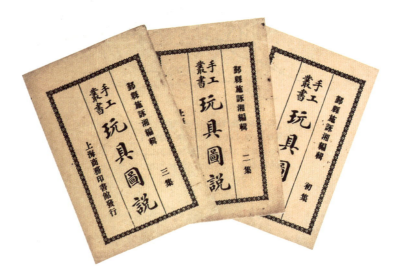

图 1-10　商务印书馆 20 世纪初出版的《玩具图说》（手工丛书）

图 1-11　儿童识字游戏《五彩精图方字》　　　　图 1-12　纸类游戏玩具"动物牌"①

① 图 1-10、1-11、1-12 分别出自陈国泰：《中国小玩意》，上海三联书店 2021 年，第 25、29 页。

印刷实力推出的纸质类玩具产品。

除纸质媒介材质外，商务印书馆还监制生产各类木制玩具，如六面画拼图玩具就是民国时期木制教育益智类玩具中的大类，此外还有积木、各种棋类玩具等也常以木料为制造媒介，如图 1-13、1-14 所示。铁皮材质的玩具则有铁皮万花筒、各色铁皮机动玩具等。20 世纪 10~30 年代商务印书馆生产的教育益智类玩具种类繁多，1919 年 11 月 24 日的《时报》（文化教育版）上曾刊登一则商务印书馆精制教育玩具产品广告，共列举了 14 个大类（建筑类、交通类、军事类、数学类、英文类、动物类、体操游戏类、手工类、音乐类、弈棋类、

文房类、故事类、人物类、杂类）200 余种产品，同时介绍由商务出品的玩具颜色鲜明、物料坚固，每件产品均含有浅近学理，具备教育与益智功能。①

商务印书馆注重教育玩具类产品的市场定位，将其明确与一般普通市面上常见的儿童玩具相区分，强调自制各种玩具"均本诸教育原理，揣测儿童嗜好，精心制造""于游戏之中，增长德智，为益甚大"，同时不断创新国民游戏如军人牌、英文字母牌、五彩修身图、中国铁路图、周游中国图、打猎图、跑马图、中国航路图、环游世界图、五彩从军图、运动图、赛跑图等，别出新意、寓教于乐，"以引起国民尚武之精神、

图 1-13 商务印书馆出品六面画拼图玩具

图 1-14　商务印书馆制造甲种积木②

---

① 《商务印书馆精致教育玩具》，《时报》1919 年 11 月 24 日，星期一，广告。

② 图 1-13、1-14 分别出自陈国泰：《中国小玩意》，上海三联书店 2021 年，第 26 页。

普通之智识，于游戏之中仍寓教诲之意"。①近代由商务印书馆出品的教育益智类玩具在国际国内展会赛事中屡获荣誉，依靠出版事业拓展的游戏玩具产业在近代中国儿童玩具发展史上占据重要位置。

不仅如此，在近代商务印书馆开发的教育类产品中，早期的教育类影像产品同样不可忽视，电影制作是商务印书馆投资的一项社会教育事业。1917年，商务印书馆从一位美国商人处购得部分摄影器材，1918年便委派鲍庆甲前往美国考察印刷业，同时对好莱坞电影业进行调查。鲍庆甲回国后，在馆内设立了活动影戏部，由王春生担任主任，开始拍摄教育电影、新闻片、剧情片、纪录片。1926年，活动影戏部改组为国光影片公司独立经营，成为国人最早经营的电影公司。自1918年起，除了一些剧情片外，拍摄了多部具代表意义的教育影片如《儿童教育》《养真幼儿院》《养蚕》等。②虽然此后由于市场有限，投资太大而回收缓慢，资金不足导致国光影片公司成立仅一年便于1927年结束了业务，但商务印书馆由出版业拓展至电影产业，从传统纸质媒介到全新的影像媒介，它对文化教育产品的多渠道发展，以及富前瞻性的市场开拓意识，成为近代出版业创新发展的行业标杆。

商务印书馆始终将创制教育类活动影片视为社会教育的利器，认为活动影片在社会教育上占有极为重要的地位。馆内制作的影片都反映中国时事，符合国内习俗，观影者无须担忧观影后产生理解及情绪上的隔膜，从而使新技术和新媒介能更快为世人所接受。活动影片在内容与文字方面配以浅近的中文说明，妇孺皆知、老妪能懂，大众传播力强。影片类型大致可分为六大类：教育类、体育类、时事类、风景类、新剧、古剧，取材上有益人心，有裨风俗，即便是滑稽剧片同样蕴含劝善深意，适用于学校、家庭、剧场、团体宴会、公众讲演等场合。近代商务印书馆因备有新式摄影机及其他先进设备，特聘专门技师，提供影片订制、代摄、代演等业务服务。

在文化市场的拓展上商务印书馆追求创造精神，研发制作了中国首部动画广告片《舒振东华文打字机》。据中国动画电影元老、当时参与项目开发的万籁鸣回忆："当商务影戏部知道我和弟弟们正在试制

---

① 参见《商务印书馆自制儿童玩具》，《时报》1918年1月15日，星期二，第二版，广告；《上海商务印书馆发行学校奖品》，《时报》1912年6月30日，星期日，广告。

② 王学哲，方鹏程：《商务印书馆百年经营史（1897-2007）》，序《商务印书馆百年经营史》，华中师范大学出版社2010年，第4页。

动画片的消息后，便委托我们作为试验，制作一部短本动画广告片《舒振东华文打字机》，为新产品进行宣传。用动画片做广告，这在中国还是创举。"[1] 以新媒介影像技术为新开发的文化产品做推广宣传，商务印书馆可谓独树一帜。当时南京的万氏四兄弟都学习美术，其中多人后来成为商务印书馆的员工。万籁鸣早在 1919 年就已入馆，而万古蟾、万超尘也先后进入馆内的影戏部。他们计划业余时间从事动画实验，馆方得知后就支持他们研制商务印书馆的广告动画片，由于制作过程中需要相同的画面背景，商务印书馆印刷厂还特地为他们印制了上千张背景画。有了商务印书馆的支持，万氏兄弟大胆投入国内动画初尝试，为日后《大闹画室》《大闹天宫》等动画片的拍摄积累了宝贵经验。这种由出版企业发现员工创新点，进而投资扶持、宣传企业产品的做法，将教育、创新和市场紧密地结合起来，具有划时代的超前意义。

（四）代理经销的其他文化产品

近代商务印书馆的文化市场拓展事业中，还有一大业务领域来自代理经销与委托订制，比如代销德国照相器具、美国新式文具，订制大宗玩具、乐器等，这也契合了近代商务印书馆扶助教育、存续传统、引介西洋文化，从而谋求中西沟通，促进中国文化光大的企业经营理想。1933 年 2 月 5 日《申报》刊登了大幅面商业广告《商务印书馆文具仪器大批新到》，（图 1-15）其中声明商务印书馆除了监制各种国货学校用品并在上海发行所公开展览、销售外，还从欧美等地名厂采购、代理大批文具仪器。广告页中列出的新到产品涉及文具、乐器、运动器材、仪器设备、测绘用品五个栏目，具体如文具引进代理了美国派克（Parker）自来水笔、美国维纳斯牌（Venus）铅笔、德国施德楼牌（Staedtler）铅笔、法国威迪文（Waterman）自来水笔墨水、美国卡特墨水公司（Carters）生产的墨水洋浆和复写纸、美国埃思特布鲁克斯钢笔公司（Esterbrooks）与英国韦弗利牌（Waverley）出品的笔尖，以及德国大众牌复写纸、中文日历章、订书器等，产品种类丰富，货源广泛。[2]

由商务印书馆代理经销的国外产品一般对品牌声誉要求较高，以此确保产品质量，同时从满足国人所需与开发国人需求两方面考虑，使消费者在面对浩瀚的产品

① 万籁鸣：《耄耋之年话商务》，出自商务印书馆：《商务印书馆九十年：我和商务印书馆》，商务印书馆 1987 年，第 238 页。
② 参见《商务印书馆文具仪器大批新到》，《申报》1933 年 2 月 5 日，星期日，广告页。

图 1-15 《申报》刊登商务印书馆代理文具仪器产品广告

市场时拥有比较、选择、提升眼界的权益。比如商务印书馆代理美国迭生公司（即赖特＆狄特森，Wright & Ditson）的运动用品，首先推荐运动是国民健身最佳方法，而精美的运动用品能够增加运动的乐趣，使得收效更佳，为国人树立运动健身的现代理念。其后通过出版物及报刊广告介绍美国迭生公司，宣传由此公司制造的运动类产品质量精美，受全球人士欢迎，而商务印书馆受其委托成为中国独家经理机构，凡是美国迭生公司出品的运动用品包括网球、棒球、游泳装备等均在商务印书馆门店进行发售。再如商务印书馆代理销售德国照相镜软片及其他摄影附属商品时，在广告页面中首先将摄影誉为最佳的业余消遣，之后才逐一介绍引进的产品来自德、英、美等国各著名照相器材制造厂，商务作为国内独家经售处，产品精良，种类齐全，能够为顾客提供多样化的选择，等等。

委托代理及专门订制产品方面，各类乐器是商务印书馆门店的常售产品，商务将其定位为家庭娱乐品，种类包含风琴、军笛、步号、铜鼓、口琴、手拉风琴等，形式齐备，材质花色不一。以商务印书馆委托中国新乐器制造公司特别创制的国光牌二十一孔口琴为例，这款口琴邀请了口琴大家、被誉为"中国口琴之父"的潘金声先生亲自校对音准。潘金声先生1931年在上海创办了"中国新乐器制造股份有限公司"，即上海国光口琴厂前身，1932年推出国产首款宝塔牌口琴，受到社会各界高度赞誉，社会反响良好。商务印书馆委托订制国光牌口琴，一方面满足人们对名家名品的购买需求，另一方面也为宣传国货精品较之舶来品物美价更廉，如图1-16、1-17所示。

此外，商务印书馆还提供门店铺位代售业务，20世纪30年代前后，中国艺林美术公司将公司精制的各种艺术画镜、绸纱灯罩、特制造型的铜质器皿、红木灯架以及其他美术用品，委托商业百货公司与各大门市店代售，其中就有商务印书馆，如图1-18、1-19所示。

近代商务印书馆将其营业要目划分为四大版块：编译、承印、精制、发售。总体而言，在拓展文化市场、制造文创产品及运营模式上商务印书馆大致遵循以下三

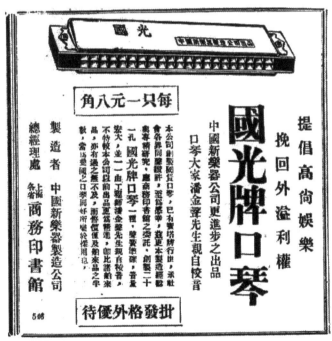

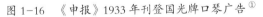

图1-16　《申报》1933年刊登国光牌口琴广告①

图1-17　《申报》1934年刊登国光牌口琴广告②

① 出自《申报》1933年9月10日，星期日，第十六版。
② 出自《申报》1934年3月9日，星期五，第四版。

图 1-18　商务印书馆代售画镜产品广告之一①

图 1-19　商务印书馆代售画镜产品广告之二②

条发展途径：

第一，自主研发商务品牌的文创商品。借助馆内当时领先国内的一流印刷设备和工艺，以及馆内组建的美术室、仪器部、玩具部、影戏部等研发部门，联合生产与销售，通过商务的实体书店进行门店销售。以这一途径开发自制的文创产品，本土性和原创度最高，产品被赋予商务印书馆统一的品牌标识，在销售过程中，可为读者及其他消费群体提供明确的产品来源识别功能。

第二，品牌授权委托生产。针对适用于市民消费需求的文化商品，由商务印书馆委托厂家生产，商务授权贴标或提供代理服务，在商务门店进行销售。这类文化产品经由商务印书馆选定，产品属性符合文化市场定位，同时具有良好的市场潜力和社会号召力。委托产品的品控、价格等由制作厂家和商务印书馆共同监督管理。

第三，渠道销售，即商务印书馆并非产品的品牌方，仅提供门店销售的代理经销业务。许多国内外知名品牌的代表性产品正是通过这一渠道，使消费群体了解并参与选购。在近代商务印书馆拓展市场的历史中，不仅有与出版文化产业相近的文化教育类产品，其他类似美国名厂生产的运动用橡皮底鞋履等日常生活用品，也曾是门店销售颇旺、供不应求的抢手货。

近代商务印书馆在探索业务版图的发展过程中，尝试多角经营，发展相关产业，形成了一个庞大的出版事业集团。今天，

① 出自《扬子江三日刊》1928 年 12 月 9 日，星期日，第四版。

② 出自《扬子江三日刊》1928 年 11 月 18 日，星期日，第一版。

以图书出版印刷为主营业务的出版企业如何扩展自身的经营范围，适应新媒介与融合出版时代需求，已经成为业内亟待思考与探索的话题。商务印书馆作为中国近代规模最大、持续时间最长的出版企业集团，在出版媒介拓展、文化市场运营等方面拥有许多值得借鉴的历史经验，包括曾经积极拓展广告商业美术、电影产业链、培养艺术创作人才等方面，都为出版乃至中国现代文化艺术产业的发展打下了重要基础。

第二节　传统出版理念中的图书衍生产品

20 世纪 60 年代，加拿大学者麦克卢汉提出"媒介即讯息"的传播学理念，以"媒介"来感知、定义社会文化现象，将不同历史时期的媒介视作社会文化与全新世界观的塑造者。媒介的发展推进出版业态的发展，每一种旧媒介都是另一种新媒介的内容，正如语言之于文字，文字之于印刷，在新旧媒介交替进程中，旧媒介的特征将逐渐融入新媒介的发展形态。[①] 就此意义而言，传统出版领域纸质媒介图书的衍生文创产品拓展，某种程度上可视为对原有纸质图书的主题延续或选择性重现。

对传统出版纸质媒介图书的设计与包装统称为"出版设计"（Publication Design），即体现出版物传递信息的独特方式、出版物的外观与触感以及出版物如何在美学层面和情感层面吸引读者等出版设计领域的本质问题。[②] 传统出版环境中的出版设计集中表现为图书的装帧设计与装订形式，其中图书装帧设计主要指运用印刷工艺与艺术设计方法对图书开本、封面、扉页、插图、书函等进行与出版内容相符的艺术包装，而装订形式则包括平装、精装、线装、经折装等经过装帧工艺确定的出版物物质形态。影响传统出版设计的因素包括环境问题、出版物的生命周期、不同出版物发行与陈列的不同要求等。进入数字出版时代后，传统印刷媒介并未如预言般被新媒介技术所完全取代，事实上，经过时间的验证，数字出版的时效与便捷，并不能使屏幕阅读完全替代传统纸质出版物的触感与阅读体验。传统出版在经验层面似乎更占优势，或者可以这样认为：数字出版的变革反向促使了出版设计理念中的传统纸质媒介变得更为独立、更具行业价值。然而，传统纸媒图书的出版市场竞争相当激烈，仅仅满

---

① （丹）延森：《媒介融合：网络传播、大众传播和人际传播的三重维》，刘君译，复旦大学出版社 2012 年，第 88 页。

② 参见（英）巴斯卡拉安：《什么是出版设计》，初枢昊译，中国青年出版社 2015 年，第 6—8 页。

足于陈旧观念的图书包装设计很显然无法在美学情感、商业文化层面维系读者，因此，围绕传统图书主题扩充设计范畴的衍生设计理念应运而生。

（一）挖掘图书内在文本的创意衍生

优秀的出版设计必然注重对图书主题和文本内容的深入了解。在视觉传达领域，具象的图形语言较之抽象的逻辑文字更具备发展创意衍生的设计潜力，因此，图文编创结合的图书文本往往拥有天然的开发优势。在中国传统经典文本出版物中不乏丰富而优质的图文编创衍生案例，譬如由《水浒传》文本衍生的陈洪绶《水浒叶子》，塑造了40位梁山好汉的人物正面形象，图形人物与经典文本故事互为映衬，在明末广为流传。同样如《水浒叶子》以书籍插图形式对原文本进行主题图文衍生的作品还有《西厢记》《九歌图》等。事实上，书籍语言文字的图形化衍生在我国可追溯至更久远的历史。

在中国图文结合的神话古籍中，成书于战国时期的《山海经》是最早一部，开创中国古书图文并茂叙事传统之先河。它不仅是一部具有文学价值的神话书，内容更涵盖了我国古代天文、地理、历史、宗教、动植物学等史料，所谓"百家之权舆"。[①] 由于神话的传播与发展历经了从口口相传到绘画与文字的传写过程，具象而艺术化的图形记录形式能较好地保留神话传说中丰富的幻想形象，同时也更直观体现出神话文本所具备的可视化特征。历代文人学士对《山海经》文本艺术之美多有欣赏赞叹，东晋时期陶渊明在《读山海经十三首》中写道"泛览周王传，流观山海图。俯仰终宇宙，不乐复何如！"为后人留下《山海经》图本灿烂瑰丽的想象空间。《山海经》的这种图文结合记载方式，为探索传统经典文本的创意衍生形式赋予了可供参考的研究价值。

图文并举、文本可视化是《山海经》成书的特色，不同版本演绎了不同形式的图文叙述方式，也为这本传奇之书增添了联想与形式衍生的无限可能性。遗憾的是《山海经》古图本已佚失，今天能够看到的多为明清时期由画家和刻工再次创作的版本。学者马昌仪曾收集自明清以来不同时期的《山海经》图本共十六种，其中表1-1涉及我国图书版本共十二种，对山海经图的呈现形式、图文叙述特点进行了比较。自明朝万历二十一年（1593）起始，我国《山海经》图本的插图数量在74至144幅，清朝乾隆年间，图本的插图数基本以144幅

①顾实：《中国文学史大纲》，商务印书馆1926年，第36页，转引自刘锡诚：《二十世纪中国民间文学学术史》，中国文联出版社2014年，第54页。

为标准。《山海经》全书三万一千余字，记载约40多个邦国、500多座山、300多条水道、100多个人物、400多个神怪异兽，内容包含我国古代河流山川、部落族群、民俗民风、飞禽走兽等。《山海经》流传悠久，在传承与演变的历史长河中，一些文字无可避免佚失，一些新的想象不断追加整合，演变的过程同时也是版本再创造的过程。古本《山海经》图失而文存，如此丰富异彩的文本内涵为后世提供了激发无穷想象的创意空间。另一方面，明清时期画工(匠)、刻工等对《山海经》文本的不同解读，民间流传中的以讹传讹，也都会导致《山海经》文本衍生新的插图，产生一神多形、多种图说版本同时存在的现象。

如果从山海经图的风格表现进行分析，历史上出现过的山海经图至少有三种来源，第一种古图，现已失传，对古图的推测，研究者归纳出四种可能性，即禹鼎说、地图说、壁画说、巫图说；第二种来自于南朝张僧繇的十卷本绘本，也已失传；第三种是目前尚可看到的明清图本。对古本山海经图的风格比较研究，主要针对第三种范畴。宋代朱熹曾在《朱子语类》中表达对《山海经》图的观点："予尝读《山海》诸篇，记诸异物飞走之类，多云'东向'，或云'东首'，皆为一定而不易之形，疑本依图画而为之，非实记载此处有此物也。"无论《山海经》图与文的记载形式孰先孰后，其图文并举的呈现方式决定了山海经图既具备描绘文本的功能性，又拥有独立于文本之外的艺术审美性。

表1-1　马昌仪收集不同时期我国古本《山海经》图书版本 [①]

序号	时间	版本	图幅数
01	1593年（明万历二十一年）	《山海经图》，胡文焕编，格致丛书本	共133幅图
02	1597年（明万历二十五年）	《山海经（图绘全像）》十八卷，聚锦堂刊本	共74幅图
03	1619年（明万历四十七年）	《山海经释义》十八卷，蒋一葵校刻	共75幅图
04	1667年（清康熙六年）	《山海经广注》，吴任臣注	共144幅图
05	1726年（清雍正四年）	《古今图书集成》，其中《禽虫典》《神异典》《边裔典》	/
06	1786年（清乾隆五十一年）	《增补绘像山海经广注》，吴任臣（志伊）注，佛山舍人后街近文堂藏版	共144幅图
07	1786年（清乾隆五十一年）	《增补绘像山海经广注》，吴任臣注	共144幅图

① 本表内容参见马昌仪：《古本山海经图说》，广西师范大学出版社2007年。

序号	时间	版本	图幅数
08	1855 年（清咸丰五年）	《山海经绘图广注》，吴任臣注， 四川成或因绘图，四川顺庆海清楼版	共 74 幅图
09	1890 年（清光绪十六年）	《山海经》，毕沅图注， 学库山房仿毕（沅）氏图注原本校刊	共 144 幅图
10	1895 年（清光绪二十一年）	《山海经存》，汪绂释，立雪斋印本	/
11	1892 年（清光绪壬辰十八年）	《山海经笺疏》，郝懿行撰， 五彩公司三次石印本	共 144 幅图
12	1919 年（民国八年）	《山海经图说》，上海锦章图书局	共 144 幅图

　　《山海经》中神话形象可概括为几类：神灵、异兽、奇鸟、异鱼、怪蛇、异民等，不同版本装帧图绘的多样性，满足了人们对神话传说的多样化期待。总体而言，现存古本山海经图的代表性衍生创作风格可以概括为特写式、情境式、群像式三种，其中情境式又可按动、静态造型进行区分。以《南山经》中的"白猿"为例，明朝胡文焕图本的描绘形式为特写式，通过白描的表现手法，不加渲染、笔墨简练，在完全留白的背景上凸显"白猿"的动作造型。作为描摹主体的"白猿"虽长臂高举摆出攀援的姿态，但画面中并不体现出树枝等被攀援物的存在，由此强化主体对象的鲜明形象，整体风格简明质朴，如图 1-20 所示。同样是为"白猿"造像，清朝汪绂的山海经图本，以情境式的造像布局，"白猿"整个攀援在山岩斜生的树枝上，部分身体被树枝遮挡，右臂向下探出，眼神跟随手臂往下方注视，仿佛想要抓取什么，动态造型相当生动，背景（山岩石壁）、道具（被攀援的树枝）与主体对象"白猿"融合成一个整体，如图 1-21 所示。在山海经众多图本中还有一种群像式的表现风格，如"白猿"的主题图绘在明朝蒋应镐绘图本中即以群像的形式呈现，图中三只"白猿"并列蹲坐枝头，嬉戏玩耍，作为背景的山石洞岩、藤萝枝叶刻画面面俱到，"白猿"主体已完全融进整体画面的构图，如图 1-22 所示。

　　在图文叙述的多元呈现方面，《山海经》明清图本中图文结合的形式特征有图像独立成卷的版本，如明朝胡文焕图本、王崇庆释义图本、清朝毕沅图本；有按内容类别穿插经文的版本，如清朝吴任臣近文堂图本、郝懿行图本；有按经文顺序依次插图的版本，如明朝蒋应镐绘图本、清朝汪绂图本；还有作为丛书插图的形式，如清朝《古今

图1-20　《山海经》白猿衍生形象（明）胡本

图1-21　《山海经》白猿衍生形象（清）汪本

图1-22　《山海经》白猿衍生形象（明）蒋本

图书集成》中的《禽虫典》《神异典》《边裔典》等。① 就图文编创而言，不同版本的《山海经》图本也各有特点。相较于图文分列不同页面、图占据单页完整幅面的编排类型，图与文组合于单个页面的版式类型在叙述功能上更为有效。单页整合图与文的编排形式，按文字的内容和篇幅又可分为两种：其一为文字仅出现主体对象的名称，另一种则将文中连同称谓的注释文字一并排列。如明朝胡文焕图本、清朝汪绂图本、《古今图书集成》等，仅在主体图案右上端标注显示名称的简短文字，风格大气简明，彰显图形，如图1-23所示。而清朝吴任臣康熙图本、吴任臣近文堂图本、毕沅图本、上海锦章图本等则将《山海经》中描述性的文字与图片整体编排，在文与图的平衡中实现最合宜的单页构图效果，如图1-24所示。

---

① 参见马昌仪：《山海经图：寻找〈山海经〉的另一半》，《文学遗产》2000年第6期，第19—29页。

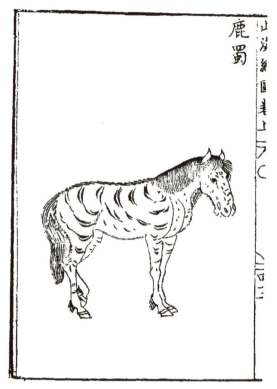

图 1-23 《山海经》"鹿蜀"衍生形象（明）胡本　　图 1-24 《山海经》"猲狙"衍生形象（清）毕本

对山海经图的创新不能脱离原著文本内涵，古本创新的前提在于传承，应从文本解读及历代流传版本中汲取灵感。换言之，不脱离山海经图文演绎的本体，挖掘文本与图的艺术特色。山海经图最常见的形象造型方式，是通过人类与动物器官及局部肢体的整合，以增减、交错、变异、夸张等手法，创造新的神话形象。比如，《南山经》中的"瞿如"，"其状如鸡而白首、三足、人面"，文本描摹出一个人类与鸟类造型错位整合的形象，以三足鸟的形象有别于常态，而明朝胡文焕图本中将"瞿如"描绘成三面二足的造型，日本流传的图本也

同样以三头鸟形象示人，更增添了图形的奇诡。又如《西山经》中的"蛮蛮（比翼鸟）"，"其状如凫，而一翼一目，相得乃飞"，"蛮蛮"的历代图本在造型上都呈现为两头鸟的形态。至于《西山经》中"英招"——"其状马身而人面，虎文而鸟翼""天神"——"其状如牛，而八足二首马尾"；《北山经》中"何罗鱼"——"一首而十身，其音如吠犬"；"诸怀"——"其状如牛而四角，人目、耳……其音如鸣雁"，造型集人、牛、猪、雁四形于一身，凡此种种，多元组合，不胜枚举。

将多种形象拼合套叠，是《山海经》

造型画像之法。这些神话图形的塑造方式，与我国民间祥瑞图案中的"三兔共耳"、"三鱼共首"造型逻辑异曲同工。重复、共形、变异等构形方式又与包豪斯构成理论中的平面构成法则相近，如日版山海经图中的"陆吾（神陆）"造型，就利用变异与重复的构图方式，使文本描述中"九首人面虎身"的悚然外形跃然纸上。日本装帧设计家杉浦康平曾针对图形的衍生，通过变化、旋转、错位、套印模式的组合、切割、拼接等手法，独创图形创意的"自我增殖"设计。[①]尽管"自我增殖"最初的设计主体为几何造型，这种设计手法也同样适用于《山海经》中众多神怪的有机形衍生变异，其创意思路是一致的。

（二）关注图书外在形式的装帧设计

图书是现代大众媒介传播的主要载体之一，借助各出版社对经典图书的多次编辑与出版，传统经典书籍获得了多元表达、多样呈现的机会。《山海经》文本传播久远、奇异斑斓的文本内涵，加之现代创意设计与印刷技术的飞跃，都为这本广为流传的图文经典提供了充足的创新装帧与文化衍生空间，从而多维度展现经典文本契合时代的现代转化可能性。

《山海经》作为先秦重要古籍，传承久远，现代出版社对古籍经典著作的再出版主要针对不同时代新的阅读群体与市场需求。目前书市常见的《山海经》版本在装帧形式上大致可分为两大类型。第一类传统经典读本，讲究注与疏的不同版本，追求文本的权威性与学术性，在装帧风格上质朴无华、沉稳大气。这一类图书装帧基本延续读者对传统古本的认知经验，无论古风或现代包装，都力求从图书视觉外观设计上接近古远的文化。如 2011 年由北京中华书局出版的中华经典名著全本全注丛书版《山海经》，方韬译注工，如图 1-25 所示，以及 2015 年由上海古籍出版社推出的国学典藏丛书版《山海经》，郭璞注，郝懿行笺疏，沈海波校点，如图 1-26 所示。两者的装帧风格非常相似，均为棕黄色小开本仿布面精装，封面文字虽排列方向不同（中华书局版为横向编排，上海古籍版为纵向编排），但封面内容都简要概括，体现了版本的最核心信息。这一类图书装帧的思维方式并不崇尚在视觉上呈现过多设计元素与装饰细节，如上海古籍社版本仅以白色半透明硫酸纸腰封增添图书封面的层次感，而中华书局也只选用一枚青龙瓦当纹样的布面印刷来体现书籍的古雅庄重。色彩方

---

① 参见（日）杉浦康平：《疾风迅雷：杉浦康平杂志设计的半个世纪》，生活·读书·新知三联书店 2006 年。

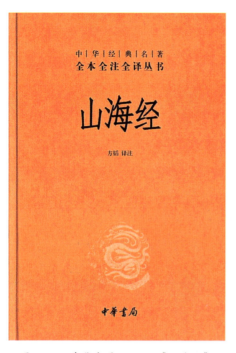

图 1-25 中华书局 2011 版《山海经》

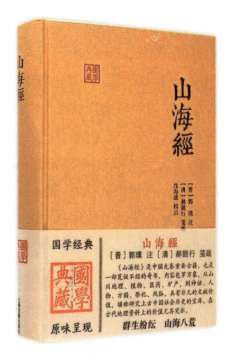

图 1-26 上海古籍出版社 2015 版《山海经》

面，两个版本的《山海经》都仅用不超过双色的配色方案，文字统一采用黑色字体，封面上唯一的图形元素（中华书局版的瓦当纹样，上海古籍版的印章）成为色彩点缀。如此高度凝练的视觉元素与纯粹统一的装帧手法，在视觉传达效果上营造出传统经典文本特有的文献价值与外在质感。

第二类现代《山海经》版本的装帧形式具有明显的创意衍生意识，意图通过图书装帧将《山海经》文本的瑰丽烂漫表现得淋漓尽致、新颖别致。近年来，不少出版社尝试从创新编辑设计的层面对《山海经》文本进行重新包装，在外观视觉形象上更贴近原著文本天马行空的内涵气质。

以近五年我国出版发行的现代创意装帧《山海经》版本为例，2012 年江西科学技术出版社的《图解山海经》全译彩色图解经典版，全书彩印，从视觉直观效果上呈现《山海经》怪诞异彩的风貌，书中罗列不同版本的古图并着色，利用图表形式对《山海经》中的对象形态、功效、地理方位进行现代分析，是较为典型的古籍现代装帧版本，如图 1-27 所示。彩印版《山海经》并非首创，日本文唱堂株式会社 2001 年出版的《怪奇鸟兽图卷》，收录了 76 幅江户时代日本画家根据我国《山海经》绘制的彩图，构图饱满，色调古典沉静，独特的编辑设计魅力，深受读者欢迎。2016 年现代出版社的《山海经》

图 1-27　江西科学技术出版社 2012 版《图解山海经》

白话全译彩图珍藏版与《图解山海经》相似，将 320 幅古版插画彩绘着色，同时添加了独家考据地图，指明古地址的现代方位，体现经典再版的现代意义，如图 1-28 所示。可以看到，这类图书装帧形式鼓励设计者对传统经典文本进行可视化转换，从视觉语言角度构想图书整体的外在形象系统，提升图书文本的传达质量，丰富阅读感受。

另外，图书装帧的纸张材质、印刷工艺、装订形式、插图风格都是实现新创意的有效途径。2014 年北京联合出版公司出版的《山海经校注（精装版）》，在 1996 年增补基础上更趋完善，随文所配插图通过修复使轮廓更为清晰，该书封面采用进口深

图 1-28　现代出版社 2016 版《山海经》

灰水瑟纸，书名文字烫金，书口与上下切口三面刷金，与深色外护封上绿色细线描摹的传统异兽纹样相互辉映，营造玄妙神秘的视觉效果。又如由清华大学出版社2015年出版的《山海经》一套两册，一本为孙见坤全本译注版，另一本为清华美院硕士、自由插画家陈丝雨的《山海经》创意绘本，作品风格与古本山海经图迥异，具有鲜明的现代商业插画特征。该版《山海经》在创意装帧形式上令人印象深刻，一套两本都采用裸脊锁线装订，书脊中央的局部红绸面上烫印银色书名与出版社信息，视觉元素统一、整体性强，裸脊锁线的装订形式能使书本完全摊平展开，令内页精美的插画拥有可全幅呈现的视觉冲击力，如图1-29所示。2017年由中信出版社出版的《山海兽》，邀请毕业于中央美术学院的青年艺术家刘力文（十驎）历时五年绘制《山海经》中的上古生灵，新创作的图案吸纳了对现代各种生物的观察，以写实笔触还原《山海经》中神兽形象，演绎传统图文的全新创意绘画版本。经过再次创作的"九尾狐""鹊神""饕餮""帝江"等形象，结合原文本的描述文字，造型极富现代插画意味，古今相宜，能够吸引更多元的读者群体，如图1-30所示。

传统图书出版的现代创意装帧不仅在衍生创作与印制方面别出心裁，书籍的折页与附页同样体现巧妙心思。作家出版社

图1-29　清华大学出版社2015版《山海经》

图 1-30 中信出版社 2017 版《山海兽》

2017 年出版的《山海经校诠》寰宇全图版将书中记载的物产、神怪进行梳理，绘制包含《山海经》全部地理信息的十一张大地图，以折页形式为阅读增添互动乐趣，如图 1-31 所示。不仅如此，该书还创造性地编撰了近 18 万字的山海经万物纲目，旨在引领新一代读者在现代社会认知与历史环境中，以更开阔的视野发掘《山海经》的文化传承价值。此外，传统典籍的现代衍生设计还应考虑对下一代的传承效果，如何使传统延续生生不息、新新相续，是近来出版社面对经典图书再版时需要考虑的问题。2017 年民主与建设出版社推出了

一套三册的《写给孩子的山海经：鱼鸟篇＋人神篇＋异兽篇》，由竹马书坊负责编著，竹马书坊是由国内教育专家、阅读推广人、儿童插画师、高校师生共同组成的课题团队，长期专注于儿童教育和阅读。这套书的装帧以亮丽的红蓝黄三色为单本主题色彩，封面与封底的大折页设计结合了手绘插图形象，生动亲切，让孩子仿佛置身古今穿越的神奇空间，成为提升孩童想象力和创造力的开悟读本，如图 1-32 所示。

另外，传统纸质图书为适应新型消费需求、扩充文化市场，围绕图书主题的文创衍生品应运而生。比如 2017 年上海书画

图 1-31　作家出版社 2017 版《山海经校诠》

图 1-32　民主与建设出版社 2017 版《写给孩子的山海经》

出版社推出的《新镌全本〈山海经〉插画》以及《新镌〈山海经〉插画台历（2018 戊戌年）》，将图书出版与衍生文创产品相结合，赢得了较好的书市反响。该书由著名版画家徐龙宝精心创制 80 幅原创山海经主题木刻版画，以天然黄杨木树干横截面为版基，造型稚拙、刻工精细，向读者呈现了那个混沌初开、充满神怪的上古时代。每一幅木刻作品均忠于原著文本，原生态的材质与匠心独具的技艺，令"精卫""夸父""虎蛟"等形象栩栩如生、浪漫奇丽。

更令读者惊喜的是出版社还同时推出山海经主题新年周历，与书中插图相同，每幅作品下均标注相应的文本介绍，方便读者图文对照。用米黄色艺术纸作为承印物，光洁细腻，能够清晰呈现版画图案的细节。每一页周历背后设计成明信片，可撕下单独装裱或用于邮寄。出版社在开发《山海经》现代文创功能时，集思广益，围绕山海经图的形式特征进行创意，随书另外附赠《山海经》图案纹身贴纸小产品，如"九尾狐""鸾鸟"等精美的神怪形象转而就成为装饰感强烈的纹身贴，成功拓展了纸质图书媒介的创意转化思维。

图书装帧不仅具有装饰与美化出版产品的功能，还是与读者交流的最直接渠道。现代装帧的创意探索基于传统图书装帧形式，始终与现代读者进行对话。通过装帧创意，使书籍在表达和展示文本的同时，能进一步提升文本的信息含量与思维价值。因此，作为纸媒为主的图书出版将不仅服务于视觉阅读，还包含了形态阅读、触感阅读、交互阅读等体验，是文本信息的多层次、立体化呈现。

（三）丰富传统工艺技术的表现形式

为应对媒介革新的时代挑战，需赋予出版设计更多智性的思考，将传统出版中的文化价值观与发展新工艺、新媒介技术的战略要求相融合。20 世纪 90 年代，新通信技术与网络技术发展迅猛，促使文化生产方式与社会消费形式发生重大转变，文化商品化与文化产品大规模生产成为时代趋势。20 世纪 90 年代中期，包括麻省理工学院在内的媒体实验室开展了一系列

主题与数字化整合、数字化沟通技术与交互过程的研究，探讨艺术设计的传统技能和知识如何应用于新媒介领域的方法，并由此拓展了再现性设计的范畴。[1] 设计学领域的再现性设计与媒介转化，为现代出版设计理念的构建提供了新的视野。

一本图书的产生从选题策划到编辑装帧，最终通过印刷出版成为一项独立的文化产品进入图书市场，其中印刷工艺的应用与表现是决定图书外观形式的重要环节。所谓印刷工艺主要指印刷后道工艺，又称印后工艺，代表承印物完成印刷后的一系列加工工序，包括啤形、裁切、击凸、压凹、轧痕、烫金、过胶、折页、打孔、上光、覆膜、模切、装订等。[2] 印刷工艺与印刷可视为图书印刷成品过程中的两次加工，精致的印刷工艺能够提升装帧创意的附加价值，使图书外观设计焕发迷人的艺术质感。现代印刷工艺的不断进步，为传统出版业中的图书包装与衍生设计提供了更为广阔的施展空间与技术支持。仍以古本《山海经》的现代创意设计为研究对象，分析美国印制大奖[3] 金奖作品《山海经》在印刷工艺方面

---

① （英）马特·马尔帕斯：《批判性设计及其语境：历史、理论和实践》，张黎译，江苏凤凰美术出版社 2019 年，第 35—39 页。

② 刘积英：《印谱：中国印刷工艺样本专业版》，印刷工业出版社 2014 年。

③ 美国印制大奖（Premier Print Awards）创办于 1950 年，由美国印刷工业协会主办，是全球印刷行业最具权威和影响力的印刷产品质量评比赛事，每年举办一次。

图 1-33 《山海经》创意书册①

的创新应用及其艺术效果。这项作品展现了中国民间文学经典《山海经》的奇幻浪漫，在印刷工艺方案的设计方面别具匠心，如表 1-2 所示。作品以中国传统宣纸为承印物，采用线装古籍装订形式，布面刺绣纹样，整本书册采用经折装前页与线装正文两部分组成。前页的山海经地图以绢布与宣纸对裱，使用烫金工艺后压痕风琴折，通过传统经折装即拉页展示烫金地图线稿的全貌，气势宏阔。正文部分以仿绢熟宣纸作为承印材料，在宣纸上直接印刷是材质与印刷工艺的创造性应用，而宣纸的文化气韵又与《山海经》文本和谐一致、相互映衬。宣纸、线装、刺绣、经折等设计元素，在实现装帧实用功能的同时，成为传播中国传统意象的文化符号，为《山海经》文本的精神内核找到恰当的媒介载体。书册的封面和封底以 1.5 毫米象牙白纱绢包灰板纸制作而成，纱绢刺绣山海经图样与文案标志，实现了现代印刷技术融入古籍装帧的创意尝试。此外，《山海经》通过黑色调和银色专色油墨营造内页的古典气息，编创形式上图文结合，以全手绘原创图稿呈现 16 个广为人知的山海经传说形象。这些黑白剪影效果的形象既保留了中国古代神话拓片的视觉风格，又兼顾国际审美趋向，如图 1-33 所示。通常而言，不同的印刷工艺对承印物有不同的印刷适应性要求，不同承印物的油墨干燥条件和时间也各不相同，因此这项以宣纸为特殊

---

① 第 68 届（2017）美国印制大奖金奖（Benny Award）作品，作者：孟子航，吴昐。

承印媒介的《山海经》书册在印制过程中经历了多次试验，最终以其独特的装帧风格与印制工艺创造出一件古今交融的中国传统图书创意作品。

表1-2 《山海经》书册印刷与制作信息

设 备	海德堡 SM52-4 印刷机、POLAR 115PF 切纸机、MBO T530 折页机
材 料	80 克宣纸、布料、绢绸
工 艺	专色胶印、裁切、烫金、压痕、折页、粘裱、穿线装订
印 刷	海德堡 SM52-4 印刷机，纸张尺寸：416×335 mm
油 墨	苏州科斯伍德－速霸高光 CMYK 油墨、上海牡丹油墨 05-90 型号透明白、05-40 型号白墨

中国拥有传承千年的古籍文化历史，书籍装帧形式与传统印刷工艺技术的丰富令人称赞，现代纸质图书作为传统出版的一个发展阶段，能够从古典书籍样式和工艺中获得大量的创意资源和灵感启发。随着数字信息时代推进出版与传播载体的根本性变革，引领出版观念转换并迎接新媒介技术的同时，也促使着一种对于传统经典如何延续及再生的深刻思考。对传统经典出版审美与印制工艺的继承，并不是简单将古本书籍形式进行复制再生产，而是创造新一种适应当下及未来的"活态"传统，使传统成为创造的奠基石。"古籍再造""传统书新做"等实践尝试，近年来屡见不鲜、频出佳品，许多优秀的图书编辑与设计人将现代艺术观与传统审美理念相融合，创造出东方书卷所特有的优美语境。2011 年上海书画出版社隆重推出《怀袖雅物——

苏州折扇》系列丛书，苏州制扇技艺是流传久远的一项传统手工技艺，以雅致精巧、富有艺术性而著称。这套丛书详细记录了明清时期的苏扇，是一套介绍中华传统艺术，传承世界非物质文化遗产的精美出版物。整套书的装帧与编辑形式古朴灵动，透出浓郁的书卷气息，却又不失现代设计感与创新工艺表现。在装订形式方面，同时呈现了古装线、经折装、筒子页、六合套等中国传统书籍形态，然而并不拘泥于这些传统古籍装订的固有模式，而是在此基础上进行再创作。如书页中的夹页、长短插页、拉页、合页、M 型折页等，均属古籍装帧中所没有的现代纸品创意结构。同时，为了更有层次地传达书籍文本信息，采取了配页法与线装的缀钉形式，将传统应用的六眼订改为十二眼订，在书脊订口处还特别设计了梅兰竹菊四君子的小图案，细节使视觉效果更具活力。①在外观上，《怀袖雅物》的书函设计分为两种：阅读本（简装本）与珍藏本。阅读本以三墙套夹与瓦楞纸板组合，珍藏版则在函盒内收纳了仿明代乌骨泥金折扇和经折《竹人录》，配以四墙扇头梅花套函，创造性地引用扇骨概念作为函盒锁扣，既体现主题又具有功能性。

《怀袖雅物》全书使用了近十种纸，分别担当书中不同信息承载的角色，通过不同的纸质媒介实现不同的内容表达诉求。全书印刷装订难度大，要求实现不同纸张材质的印质高还原度，以及手工传统装订工艺的稳定度等。精湛的印刷工艺造就了书籍更高层次的价值功能，不仅用于阅读，更是一种具有精神属性的文化衍生产品。丛书中每个单本的封面皆以苏扇的不同组成部分为构图元素，概括抽象的扇子、扇骨、扇刻、扇面符号，辅以烫印工艺。烫印又称为烫金、烫电化铝、烫金箔，是印后加工重要的金属效果装饰工艺，也是唯一能在纸张、纸板及其他印刷表面产生光亮、不变色的金属效果印刷技术。尽管金、银墨印刷也具备与烫印相似的金属光泽，但其

视觉效果却远不如烫印。烫印工艺能为印刷品增添华美精致、富丽堂皇的视觉感受，也符合中国传统民间追求祥瑞、吉庆的美好寓意。《怀袖雅物》的书籍封面采用烫银工艺，银色既加强图案的视觉艺术感受，又使整体装帧细致秀雅，与苏扇温润的人文气息一脉相承。结合封面纸张承印材料独特的肌理效果，使这套传统特色文化类丛书在视觉色彩、触觉质感等多方面形成丰富的翻阅体验。装帧艺术的创新形式与精湛印制工艺的画龙点睛，为整套图书创意锦上添花，如图1-34所示。

《怀袖雅物——苏州折扇》系列丛书整体策划设计及印制出版共历时五年，将原创团队的创意概念贯穿全书。全书文本编辑强调主题陈述的时间性，解读了折扇工艺的全过程，同时不忘关注视觉元素的采编、编辑、整合，运用多种编排语言戏剧化地传达文本信息。该书整体设计者吕敬人先生认为传承传统并不等于对过去的复制，《怀袖雅物》的出版是对文化遗产的传播，一方面要准确再现古扇精华，同时对传统定式要有创造性的延展和突破，在编辑设计方面把重点落于对主题语境的把握。②另外需

① 参见吕敬人：《书艺问道：吕敬人书籍设计说》，上海人民美术出版社2017年，"《怀袖雅物》书籍设计案例分析"，第163-167页。
② 参见吕敬人：《书艺问道：吕敬人书籍设计说》，上海人民美术出版社2017年，"《怀袖雅物》书籍设计案例分析"，第163-167页。

图1-34 《怀袖雅物——苏州折扇》系列丛书

要重视的是传统纸质图书与电子书由于媒介性质的不同，在翻阅形态上也有着本质的区别，如果从这一方面着手进行衍生创意，更易于捕获纸版图书赋予设计的灵感。以《怀袖雅物》而言，从折扇多层重叠的特性中找到不断翻折——翻阅的灵感，信息在翻阅、互动的过程中得以多姿态呈现，产生独具魅力的传统纸面载体装帧式样。

《怀袖雅物》系列丛书的主题是折扇，折扇历来被视为中国文人雅士的象征物，自古以来，无论宫廷抑或民间，扇子已超越原有的实用功能，逐渐延伸为一种体现文化象征的收藏品。从这一角度出发，《怀

袖雅物》系列丛书的创意装帧意图也必然包含了将文化类书籍演绎为收藏珍品的考虑。各种多元创新的纸质结构、装帧形式、印刷工艺、文本可视化表达等，无不为精装版本的图书出版项目提升附加收藏价值。事实上，由吕敬人领衔的敬人设计工作室多年来编辑设计的相当数量图书都具有明显的收藏特性，如《西域考古图记》《藏区民间所藏藏文珍稀文献丛刊精华本》《最后的皇朝：故宫珍藏世纪旧影》《朱熹榜书千字文》《忘忧清乐集》《中国大史记传世邮币珍藏》等，这些图书装帧作品将编辑设计的新思路和编著者思想互为融会，

创建书籍思想的信息视觉传达构架体系，在历史传承、艺术审美、工艺过程等方面达成共识，其中有些作品已跨越传统纸质媒介，向着综合媒介、融媒介方向探索试验。

图书出版逐渐朝向跨媒介、精品化、典藏特征转化，是传统出版理念未来发展的趋势之一。

第二章
现代出版文创产业的发展

社会与文化的变迁推进着媒介持续不断地改变。大约在 15 世纪，西方国家将书面文字以手写形式记录于牛皮纸上，由于牛皮纸材质昂贵，手写耗时漫长，一本两百页左右手写书的制作耗时将近半年，因此手写书在当时一直被作为某种财富进行保存。印刷术的出现使手抄书的文本媒介过渡为众多读者都能获取的印刷出版物，可以说印刷术完成了文化生产的一种转移，同时造就了图书市场的发行机制。[①] 进入 21 世纪，数字媒介技术的到来再一次改变了传统出版业态，同时也对固有思维中的出版理念产生冲击。无纸化传媒、印刷文字消亡、出版业转型等预测一度成为热点话题。智能型数字阅读设备不断推陈出新，当苹果公司第一代 iPad 发布时，业界普遍认为全新的智能设备将裹挟全球电子书浪潮席卷而来，然而此后的现实情况却并未如人们预期那般发展。随着亚马逊 Kindle、苹果 iPad 等数字阅读产品销量在全球市场的逐年提升，拥有电子书的用户比例却并没有持续增长，甚至约半数以上的苹果 iPad 用户群体都不是电子书读者。针对数字出版领域，美国普渡大学出版社曾在 2016 年出版了一项关于数字媒介时代美国电子书出版业的研究成果。研究显示，大约在 2010 至 2013 年间，美国电子书的增长速度达到了惊人的 355%，然而一个不容忽略的事实是，电子书的增长在达到一个明显的高峰期后就完全停止了，而实体书（精装本、平装本、印刷教科书，以及实体有声读物）则继续占据出版收入的绝大部分，达到 2013 年全部净收入的 69.5%。与此同时，精装书的平均净单价从 2012 年的 10.96 美元上升到 11.36 美元，平装书则从 6.34 美元上升到 6.43 美元。精装书和软装书在整体出版商销售额中仍然

---

① （英）库尔德利：《媒介、社会与世界：社会理论与数字媒介实践》，何道宽译，复旦大学出版社 2014 年，第 9 页。

占据大比例优势，且在可预见的未来不会出现大幅度下降。① 如果按过去几年观察到的趋势继续发展，出版行业将转变为：一些产品类别以电子书格式蓬勃发展，而另一些类别仅在印刷版中受到市场欢迎。印刷术并不会消亡，出版商将继续受益于以多种传播形式发行图书产品，包括电子书、数字音频、精装和平装传统出版物，以及其他涉及图书文化市场的创新衍生产品。

媒介革新与科技进步引领出版业发展的新趋势。在融合媒介时代，传统出版业依托创意产业实现文化语境的转化，促进新经济环境下出版业态的转型升级。其中，图书的精品化与藏品化发展趋势、出版文化品牌的创意营销新途径，都是值得探讨的关注焦点。

第一节　图书出版精品化与定制收藏

数字经济与创意经济的到来首先为传统纸质图书的出版提出了挑战，对于纸质书而言，在大量电子书、数字信息平台、融媒介沉浸式阅读体验的冲击下，如何保留并彰显纸质媒介即传统平面载体图书的存在价值与市场优势，成为各大出版社思考转型发展的第一步。从逆向思维逻辑出发，如果说数字出版时代电子书的出现象征着现代科技进步为虚拟数字产品赋予了价值，那么传统纸质出版物则应通过图书有形可感的物理外在证明自身无法取代的存在意义。因此，媒介材料含金量高，精工细制，人力物力投入成本昂贵的图书精品装帧、手工书特别定制，以及图书藏品化设计等出版运营模式开始逐渐进入现代书业市场。

回溯过往，在 18、19 世纪工业革命时期留名历史的出版运动与设计风格运动，其发生本质与发展形式和今天的出版业新趋势存有某种相似的共通性。

（一）手工艺复兴与精美出版运动

19 世纪英国工艺美术运动代表威廉·莫里斯（William Morris，1834~1896）在《手工艺的复兴》一文中写道：手工艺有助于保持对过往的生动记忆，而这种记忆恰恰是未来生活必不可少的元素，也是任何社会都不可或缺的工作方式。② 19 世纪起源于英国的工艺美术运动（The Arts & Crafts Movement）是世界范围内影响深远的一场设计风格运动，它倡导精致、合理的设计，

---

① Nadine Vassallo： *An Industry Perspective: Publishing in the Digital Age*, Purdue University Press (2016), p19−34.

② 保罗·汤普森：《威廉·莫里斯作品集》，张琛译，牛津大学出版社 1996 年，转引自李砚祖：《外国设计艺术经典论著选读·下》，清华大学出版社 2006 年，第 125 页。

赞扬手工艺的价值。这场无远弗届的风格运动在出版业内同样掀起了一阵风潮，促使工艺美术运动的一个重要分支——19世纪末精美出版运动的产生。精美出版运动起始于威廉·莫里斯及其凯姆斯科特出版社（Kelmscott Press）的倡导，强调书籍的版式、设计、插图和装帧，使用上等材料和手工制作的纸张及油墨，以特别设计的字体通过手工完成装帧。精美出版运动依靠私人出版机构的参与在欧美延续近50年，其间涌现出许多业内著名的私人出版社，除了凯姆斯科特出版社外，还包括由科伯登－桑德森创办的多佛斯装帧所、印象派画家鲁西恩·毕沙罗创办的伊拉格尼出版社、查尔斯·威廷汉姆创办的奇斯威克出版社，以及莎士比亚头脑出版社、金鸡出版社等。

精美出版运动是图书精装出版与媒介材料创新应用的一次转变，它所推崇的豪华精装设计风尚，相较过往的传统平装图书区别显著。羊皮、牛皮、金箔、宝石等媒介材质成为这项出版设计运动中图书媒介创新的重要表现形式，书籍是珍品艺术的观念被社会大众接受。由于豪华书装帧产量相当大，手工装帧被视为应用艺术与出版的重要分支，在当时广为流传。1901年成立的桑格斯基－萨克利夫书籍装帧公司（Sangorski & Sutcliffe，简称桑－萨公司），以最高标准实践书籍装帧的精品化出版，声名远播美国西海岸。美国诗人、评论家斯蒂芬·拉特克里夫曾在其《隐匿的珠宝》（Hidden Treasures）一书中提及桑格斯基－萨克利夫公司在成立之初的十年间，大约制作了150多本珠宝书，它们"像沙漠中的花一般珍贵"，不时出现在拍卖行或展会上，更多则被一些机构或个人收藏，秘不示人，成为一段遥远历史的无声纪念。[①]当时最著名的精装出版图书《鲁拜集》（又称《伟大的奥玛》）封面镶嵌了4967片彩皮及一千多颗宝石和半宝石，包括红宝石、绿松石、紫水晶、托帕石、橄榄石、石榴石和一颗祖母绿，每颗都配有金色底托，据记载单是烫金工艺就耗时2500小时，共使用100平方英尺的金箔。[②]书籍设计师桑格斯基甚至任由想象驰骋，在书籍封底嵌入了一把乐器拼皮图案，如图2-1所示。《鲁拜集》的整体设计准备阶段约六到八个月，装帧约两年半，是桑格斯基－萨克利夫书籍装帧公司成立以来完成的最大单本装帧项目。

以现代出版设计标准来看，《鲁拜集》或许显得过于华丽繁复，远离了简约清雅的人文特质，即便在1911年工艺美术运动

---

① （英）罗勃·谢泼德：《艺术中的灰姑娘：西方书籍装帧》，李凌云译，海豚出版社2017年，第39页。

② （英）罗勃·谢泼德：《艺术中的灰姑娘：西方书籍装帧》，李凌云译，海豚出版社2017年，第45页。

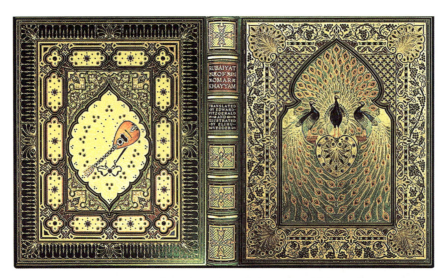

图 2-1　桑格斯基－萨克利夫书籍装帧公司的《鲁拜集》

盛行的时代，其装饰工艺之繁复亦属罕见。然而，正如同精美出版运动在出版文化史上的意义一样，以《鲁拜集》为代表的精美出版风格赋予了图书装帧强烈的装饰性与设计感，并且要求外在形式与书籍内容的高度融合，一种全新的出版观念由此诞生。从手工出版物的生命周期考虑，一本皮革包边、使用烫金工艺的精装书籍较之普通平装版书籍，在时间延续与流传上更为长远。精装图书在媒介材质与手工艺制作方面无异于艺术珍品，它的出现扩充了原本固有的出版设计理念，为书籍出版及传播增添了文化收藏的价值。精美出版运动创造的装帧风格很大程度上来自于图书工匠对材料的敏感性，他们致力于媒介材料的开拓

与尝试，促成新的制作工艺，从而逐渐生成精美图书的手工艺品性。意大利评论家雷纳托·德福斯科（Renato De Fusco）在《历史与新手工艺品的契合》一文中写道：未来我们所谈论的设计与手工艺品性的相互结合，都与生产运作的过程深刻关联，手工艺品性——独特性（uniqueness）、持久性（durability）、价值标准（values）是手工艺延续及现代表述的关键。① 精美出版运动时期的专业图书制作商非常注重书籍装帧的材料来源，拥有当时最好的材料供应商，各类优质皮革、纸张纸板、亚麻线及其他专业制书材料一应俱全。成熟的手工技艺令好材料物尽其用。比如在对劳伦斯作品《查泰莱夫人的情人》以及伍尔

① 雷纳托·德福斯科：《历史与新手工艺品的契合》，转引自李砚祖：《外国设计艺术经典论著选读·下》，清华大学出版社 2006 年，第 132-136 页。

夫著作《达洛维夫人》的装帧工艺中，两种书籍都采用了皮质面料与彩色嵌皮工艺，同样以柔软的花卉图案呼应书中的主要女性形象。《查泰莱夫人的情人》一书选用紫色山羊皮装帧，嵌有白色小牛皮和翡翠绿、墨绿、红、桔多色山羊皮，皮质手感柔软绵密富有弹性，主体花卉形象向上伸展，热烈奔放，生命力绚烂；《达洛维夫人》装帧使用大色块分割封面整体区域，造型完整的嵌皮工艺彩色花朵横向跨越书面、书脊与封底，花朵色泽明丽，姿态上呈现出一种束缚感。这些工艺华丽的装帧视知觉形象，通过隐喻的感官元素贴合书籍内容，媒介材料与工艺应用成为完善阅读体验的一种有力向导，如图2-2所示。

媒介材料的特性决定了手工图书在制作上的工具与技巧、外观上的形态与触感，以及在文本传播中的内涵及品性表达。海德格尔谈论艺术作品的本源，认为所有作品都具有一种审美经验无法摆脱的物因素，如石料之于建筑、木料之于木刻、颜料之于绘画，稳定的物因素是认知物之存在的经验基础[①]。要了解精装手工图书制作首先需熟悉手工艺媒介材料的物质属性，其次形式造型，最后实现质料与形式的统一。物质媒材的特性实际就是手工艺语言的特性。无论是传统手工艺通过设计制作融入精美图书出版，还是精装图书借助传统手工艺提升文化品味，掌握传统手工艺的本体语言无疑是成就手工精装图书成功的关键，这种语言涉及媒材、工具、技艺、主题、形式等多方面，其中媒材、技艺、主题是

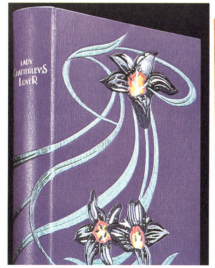 

图2-2　《查泰莱夫人的情人》（左）与《达洛维夫人》（右）书籍装帧

① 海德格尔：《林中路》，孙周兴译，上海译文出版社2004年，第3-12页。

图 2-3　桑格斯基－萨克利夫书籍装帧公司烫金工艺车间与装订车间（20 世纪 20 年代）①

确立及识别手工价值的核心要素，如图 2-3 所示。

19 世纪后期至 20 世纪初，在工业迅猛发展的社会环境中，工艺美术运动成为有史以来第一场大规模的风格运动，一批知识分子、建筑家和艺术家认为城市工业给传统人文精神、艺术审美带来灾难性的破坏，而手工艺则可以成为与非人性工业化对抗的武器。诸如精美出版运动等手工艺精品风潮的背后潜藏着对当时社会城市化发展的困惑。现代工业进步是人类发展历程中不可逆转的趋势，随着工业技术的快速发展，怀有忧患意识与人文主义情怀的手工艺倡导者，在精美图书装帧的手工艺复兴中继续往日的理想，创造出一个推崇图书珍品风尚的出版时代。

（二）手工装帧定制与个性化收藏

随着虚拟数字时代的来势汹涌，人们一方面张开双臂享受新科技、新媒介带来的崭新阅读体验，一方面却又无可避免在高速发展的技术更迭中迟疑、反思，怀念传统媒介时代文化产品赋予心灵的温暖与美好。怀旧、经典、珍藏，这些词汇几乎同时期与数字出版、媒介更新、业态转型并列成为现代出版领域的关键词。对旧书店时光的怀念尚未停止，新型实体书店的热潮就不期而至；还来不及哀悼电商售书平台宣布退出实体书市场，高级定制个性化收藏的手工精装图书已成为文化时尚新标签。历史无法重现，出版业以单一媒介产品占据绝对主流的时期一去不返，今天

---

① 图 2-3 出自：（英）罗勃·谢泼德：《艺术中的灰姑娘：西方书籍装帧》，李凌云译，海豚出版社 2017 年，第 156、157 页。

多元媒介共存、多重价值体现，是现代出版与文化市场融合发展的客观现状，并逐渐成为大众关注的书业潜在空间。

2018 年草鹭文化创立，这个以鸟禽类侧面剪影形象为标志的文化品牌，与国内外图书装帧设计师紧密合作，致力于对书籍装帧设计的精品包装与工艺研究，近年来活跃于图书手工装帧定制与个性化收藏领域。从草鹭文化的图标应用与策划中就可看出其品牌定位，草鹭的书标设计受启发于一则洋酒广告，即将酒类产品划分为五个档位，从白瓶、蓝瓶、黄瓶、红瓶，黑瓶，等级依次提升，黑瓶为最顶级产品。草鹭出品的高级定制图书，普通版本使用黑色小鸟（代表草鹭）书标，印制在书脊或图书前后勒口处；仿皮版的书标采用烫银压印工艺，使银色小鸟书标浮凸于封面；真皮典藏版和限量特装版的书标为金色，书籍切口采用鎏金工艺，与立体凸起的金色小鸟互为

映衬。由此可见，草鹭文化制作图书的理念在于将书籍视作商品或艺术藏品，装帧成为一种商品外包装，以包装的材质、工艺、形式感作为书籍定位的判断依据。2019 年，草鹭文化整合中西方优质出版资源，对文学经典著作进行精美装帧与包装，推出"草鹭 × 译林"经典系列，全系列图书均为限量印制，精选国内名家译本，配以西方经典插图，在设计、装帧和选材上都极致考究。以草鹭金标版王科一译《傲慢与偏见》（亦称孔雀版）为例，这套精装图书文化产品包含原著一本及同款风格配套笔记本一册。装帧方案致敬 1894 年休·汤姆森插图本孔雀版《傲慢与偏见》，内容收录了 1894 年乔治·艾伦初版的全部画作，在开本、封面颜色与烫金效果上力求接近原汁原味。即便中英文标题文字不同，也在汉字笔画设计的细节处增设了与原英文字体相近的曲线装饰，如图 2-4 所示。

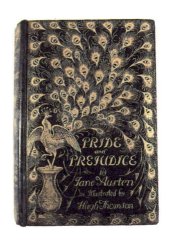  

图 2-4 《傲慢与偏见》1894 年版（左）、草鹭金标版（中、右）

图 2-5　草鹭版《傲慢与偏见》笔记本

草鹭版《傲慢与偏见》模拟原书开本尺寸，在 32 开不算大的墨绿色漆布封面上整版烫金，几乎覆盖整个封面的孔雀羽毛成为考验烫金工艺的重要部分。为了尽可能呈现原书的华丽风貌，该书在烫金图案的细节描绘最细达到了 0.03 毫米，同时进行多次试烫以呈现纤毛毕现的最佳效果。书籍内页采用 80 克米白色进口超感纸，纸质坚韧，耐腐蚀，适合长久保存。在三面书口统一鎏金，与封面烫金相辅相成，使整体视觉效果更为光彩夺目。书函套特制同色圆口结构，紧贴书脊起到良好周全的保护及装饰作用。草鹭版《傲慢与偏见》另外还推出图书的文化衍生商品，设计印制了同式样红棕色的配套笔记本，金色烫印工艺在红棕色布面上同样熠熠生辉，如图 2-5 所示。笔记本内含将近 600 页的 80 克东方书纸，采用锁线形式供展平书写，与精装图书配套使用，构成《傲慢与偏见》系列产品，受到读者喜爱。

草鹭文化推崇"书的艺术，不止于书"的宗旨，近年来与多家出版社合作推出名著名家系列图书产品，将图书装帧工艺向纪念典藏模式发展，如《比亚兹莱在中国》山羊皮装帧限量定制版、《沈从文诗集》小羊皮限量定制版、《巴金译文集》珍藏版、施蛰存译《域外诗抄》（紫色光边）限量定制版，等等。这些精装定制图书在装帧式样与工艺风格上呈现 19 世纪精美出版运动追求的手工品质感与收藏价值，它们的市场群体不仅是读书人、文化人，还包含一部分以书为美的个性收藏家。以草鹭文化与浙江大学出版社联合出品的《许渊冲译莎士比亚戏剧集》多卷本为例，整套书共收录 13 部许渊冲莎士比亚译本，将莎士比亚戏剧所含的悲与喜再次包装，精品化呈现，同时该套书也是纪念许渊冲先生百年特别制作的钤印本。全套书第一卷为四色小牛皮手工竹节限量典藏版，内容包括《哈姆莱特》《麦克白》《李尔王》《奥赛罗》四大经典莎翁悲剧，书籍开本尺寸为 16 开，分为毛边版和光边版两种。在小牛皮装订的封面上施以烫金、烫色等多重工艺，书脊采用纯手工欧式竹节装，手敲圆脊，使整体效果体现经典复古质感，同时精选湿拓纸花纹特别印制书籍环衬。第一卷的书函设计按毛边版和光边版两种不同尺寸量身定做，内裱绒布保护图书，外观白色的函套与内在红、蓝、绿、棕四色封皮形成色彩对比，赋予书籍典雅素净之美。书函结构造型为大弧度切口，月牙形的曲线弧度中和了书籍原有的直线构成感，增添柔美效果的同时也方便读者拿取书籍。第一卷典藏版同时推出光边与毛边版本的构想别有意趣。毛边书版本"三面任其本然，不施刀削"，页面相连，阅读时需用专门裁纸刀裁开，受到很多文人雅士青睐；而光边书版本整体尺幅略小，三面装饰工艺采用书口鎏金，丰富视觉感受。在该书扉页的文案中罗列了第一卷限量典藏版的相关信息：每种限量制作50册。与此同时，每册图书均有唯一编号，如红色、蓝色为光边本，编号为R001至R050、B001至B050；绿色、棕色为毛边本，编号为G001至G050、C001至C050。唯一编号的营销方式使图书扉页犹如一页独特的私人收藏证书。另外，第一卷的每一册单本均邀请许渊冲先生亲笔签名并附钤印。编号认定、签名钤印、扉页证明，诸如此等使《许渊冲译莎士比亚戏剧集·第一卷》明显区别于普通精装图书，显示出典型的个性化收藏特征，如图2-6所示。

除此以外，草鹭文化还在线提供英国手工装帧定制业务，"纯手工制作""山羊皮精装"等特定工艺制书价格不菲，却经常显示"已售罄"状态，可见具备一定市场潜力。上述《许渊冲译莎士比亚戏剧集·第一卷》另有英国装帧师格伦·马尔金（Glenn Malkin）的手工定制版本，在装帧设计与工艺上采用全山羊皮装帧，封面以彩色拼皮

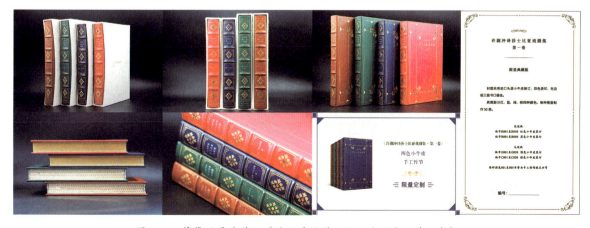

图2-6　草鹭限量典藏版《许渊冲译莎士比亚戏剧集·第一卷》

图案的莎士比亚四大悲剧内容为设计元素：双色人面形象来源于《奥赛罗》、匕首图案代表《麦克白》、皇冠表示《李尔王》、骷髅图案则为《哈姆雷特》。书封上所有彩色贴皮图案轮廓均以22k金箔烫金压印。书芯扒圆起脊纯手工竹节，使用23k金箔手工烫金装饰，搭配红色绒面革环衬，手工缝制真丝堵头布。书脊上的书名以拼皮工艺和烫金工艺完成，书口以红色丙烯酸及23k金箔洒金作为装饰，使用微晶蜡打磨完善手感效果。另外，书籍封三处有装帧师格伦·马尔金特制的烫金签名，整套书配有红色连盖式定制书盒，内置绒面底衬，书盒的正面烫印封面同款图案轮廓，如图2-7所示。

图书的手工艺装帧在欧洲有着悠长的发展历史，比如公元870年左右的《林道福音书》（*Lindau Gospels*），该书以爱尔兰与日耳曼金器传统作为主要制作工艺，在长约35厘米、宽约27厘米的封面上缀以各种金银图案，围绕封面四周镶嵌一整圈彩色宝石，用高于封面的特制金属托固定，当光线照射在宝石上就会产生玲珑光彩。该书封面的中央是十字架上的基督形象，黄金质地的浮雕形象在光照射下闪耀莹

图 2-7　英国装帧师格伦·马尔金定制版《许渊冲译莎士比亚戏剧集·第一卷》

润的光芒。再如公元约 1050 年的《法兰德斯的朱迪思福音书》（*Gospels of Judith of Flanders*），用细腻的金银丝镶嵌工艺装饰全书封面，在封面中心位置镶嵌各色宝石，通透的宝石色泽与金黄色书封相互辉映。受难基督的十字架上则以绿色透明珐琅石标注约翰福音书中字样"犹太人的王，拿撒勒人的耶稣"。这些早期手工珠宝书都精工细作，用料豪华，每一本书都如同一件珍贵的手工艺作品，如图 2-8 所示。

由手抄书时代进入手工印制与装帧新时期，自 15 世纪《古登堡圣经》开始，传承上百年的欧洲传统手工制书融合了书籍保护基本功能与高级装帧艺术工艺。1955 年英国成立当代书籍装帧师行会（Guild of Contemporary Bookbinders），行会信奉、推广当代书籍装帧是一种艺术形式的观点理念。此后，行会更名为"设计师装帧师协会"（Designer Bookbinders，简称 DB），至今仍是世界书籍装帧的权威代表。"设计师装帧师协会"最高等级的院士级别资深会员共有三十位，每年另外委任几位执照会员，除了这两类高级会员外，协会在全球的普通会员多达七百余位。这些

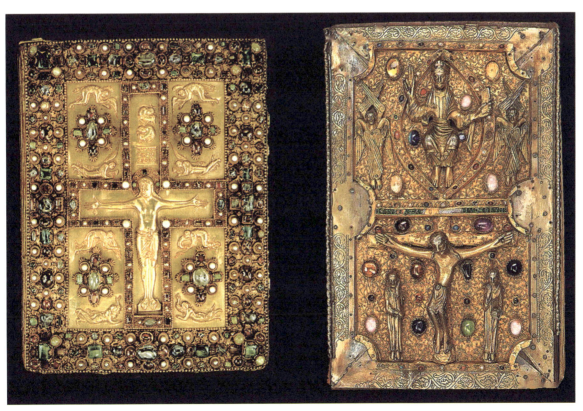

图 2-8　《林道福音书》（左）与《法兰德斯的朱迪思福音书》（右）

当代装帧师的书籍作品，兼顾传统手工装帧工艺与当代审美艺术，既是出版物设计，又是英国当代艺术的一部分，作品通常被博物馆、公共机构、私人藏家收藏。不仅如此，每年"设计师装帧师协会"都会联合业内其他协会机构以及英国文学大奖布克奖，举办装帧大赛。如布克奖每年入围六部文学作品，以这些作品为选题，由"设计师装帧师协会"推荐六位资深装帧师为获奖作品进行精美装帧。参加比赛的装帧师会收到一套印刷后还未缝缀的获奖书籍书页，在深入理解文本内涵的基础上，自由创作装帧式样。从布克奖获奖名单公布到颁奖典礼的短短四个月内，参赛的装帧师要制作完成一部文学作品的完整装帧，提交装帧大赛主办方参与角逐，最终获奖的装帧作品将在布克文学奖颁奖典礼上展出，并赠予文学奖获奖作者。由英国"设计师装帧师协会"主导的这一联合文学创作与装帧定制的大赛传统已延续多年。①

前文提及为草鹭文化完成《许渊冲译莎士比亚戏剧集·第一卷》装帧制作的英国装帧师格伦·马尔金自2008年起从事专业装帧工作，2014年成为"设计师装帧师协会"的执照会员，由他装帧制作的书籍作品在英国及国际专业大赛中屡获殊荣，2018至2019连续两年获评"设计师装帧

师协会"主办的装帧比赛大奖。格伦·马尔金在英国约克郡工作的内容具体涉及古旧书修复、客户定制装帧设计、装帧工作坊教学，以及用装帧设计创作独特的艺术作品等。他的装帧作品《图案人》（*The Illustrated Man*）2018年荣获"设计师装帧师协会"年度大赛善本书商协会特别奖。该书由对开本协会（The Folio Society）出版，是美国科幻大师雷·布拉德伯里（Ray Bradbury）的经典短篇小说集，曾于2013年和2020年分别由法律出版社和上海译文出版社引进发行中文版。全书以一个周身遍布可预知未来文身图案的神秘男子为线索，引出18则天马行空的奇妙科幻故事。由格伦·马尔金装帧的《图案人》成品尺寸宽约16厘米、高24厘米，整体采用海蓝色彭特兰山羊皮制作，封面图案如同太空中的蓝色星球先后连贯排列。蓝色星球上的局部金色肌理小点使用丙烯喷吹的方法实现，蓝与金二色构成漂亮的对比色。另外用碳黑压印线条随机布满整个封面，以此表达《图案人》中提及的人体文身图案，以及对于太空宇宙的向往。格伦·马尔金利用书籍封三、封四的装帧空间，个性化地将书中语句"Stars and suns and planets spread in a Milky Way across his chest."（"恒星、太阳和行星在他的胸膛上形成

① 参见恺蒂：《英伦书生活，迷的是装帧》，《澎湃新闻》"上海书评"，2020年7月28日。

一条银河。"）以烫金工艺呈现并前后贯穿连接。该书在书芯书背上下两端配以手缝丝质堵头布，色彩与全书色调相统一，使原本为增加书脊顶部与背部力度的功能性局部也同时具备了装饰艺术效果，现代图书装帧的细节特征得以进一步扩充。《图案人》的书口工艺也很有特色，格伦·马尔金并未按照惯例对书口三面进行工艺装饰，而是选择上下书口两个面，用蓝色丙烯材料处理成太空星云一般的肌理效果，简洁而灵动。书函选用翻盖木盒形式，内里衬有海蓝色绒面，盒面上的皮革装饰面从皮质、色彩到图案均与图书封面装帧相呼应。此外，书籍内页配有特别为故事情节绘制、充满想象力的彩色插图，使全书描写的各种跨越式场景与奇异旅程得以生动呈现，

如图 2-9 所示。

格伦·马尔金曾描述他创作手工图书装帧的个人经历，在书店及其他二手书摊发现一些好版本但缺乏好装帧的图书，将它们买下后进行重新装帧。这些颠覆式的二次装帧往往从皮质材料到喷绘工艺等每一个环节都仔细斟酌，使图书的外在包装与内涵精神相互匹配，为书籍制作"它值得"的装帧。由此可见，现代英国精装手工书的创作不只是追求浮华工艺的手工技术炫耀，也并不以昂贵材料的堆砌作为评判装帧优良等次的核心标准，装帧的外在与文本内涵紧密契合、互为映衬，才是现代精美手工装帧的价值追求。对于拥有手工精装图书传统的英国而言，装帧工艺的传承在现代书市仍具有充沛的创意潜力与市场空间。

图 2-9　格伦·马尔金书籍装帧作品《图案人》

装帧是保护书籍的一种必要方式，也是图书文本内涵的外观体现。现代出版文化将图书精品包装与高级定制的出版理念引介至国内书业市场，为传统出版业态带来新的发展思路，尝试在出版与文化收藏之间探索某种价值的平衡。客观而言，中国装帧传统延绵千年，旋风装、龙鳞装、蝴蝶装、包背装、经折装等各色装帧形式丰富多样又极具想象力，其中不乏精美华丽的装帧式样，然而历来对于书籍的优良判断从未仅以装帧质量为绝对标准。"质胜文则野，文胜质则史"，自古"文质彬彬"才符合人们对书籍出版、流传及收藏的文化期待。尤其对于文人墨客或治学研究者而言，相较于外观品相，各家不同的注疏、千金难觅的绝版可能更值得器重与收藏。那么在此观念背景下，除去现代书业的市场功能目标，这种沿袭西方精美出版风格，展示精致印刷与手工技艺，不惜成本、材料上乘的限量手工装帧定制图书，它的文化价值及传播意义为何？这是值得今天出版业与读者群体思考的问题。

事实上，即便在精美出版运动发起地的欧洲，尽管现代市场对高档精美手工图书的需求仍然存在，但这种需求已与过去明显不同。将手工精装图书视作奢侈品进行收藏拍卖，或许并非现代出版文化发展的终极目标，但是否可以认为，图书精美

装帧与个性化定制的风潮是今天新价值观对以往价值观的一种延续？当更为便捷易得的电子书与平板阅读器风行书业市场之际，对手工精品书籍的怀念与复制成为传统文化领域的一种文化保护。毕竟在一般认知观念中，人们习惯将科技与工业归于创新领域，而将手工艺品性理解为"速读时代"逐渐消逝的人文品质，因而更具有传承的价值。由手工技艺与印刷工艺精心打磨而成的个性化图书，与机器批量化生产、单一媒介材质构成的普通书籍在生产之间存在着实质性区别。与其说昂贵的媒介材料提升装帧的制作成本与收藏价值，毋宁将精品图书出版认定为一种对文化品质的追求与表达。另一方面，纵观现代出版业，并无意于完全复刻手工精美图书的历史，对于精品收藏级别书系的打造正逐渐展现出符合时代特征的观念与方式。比如上海译文出版社推出的"译文版插图珍藏本·世界文学名著"，包含了《约翰·克里斯多夫》《草叶集》《苔丝》《呼啸山庄》《神曲》《白鲸》《十日谈》等多部国内读者耳熟能详的世界经典文学作品，珍藏本的出版意图在于"让经典更加经典"以及让读者"重新认识纸书"。译文版珍藏本应用现代印刷与制作工艺：高精度工业级激光雕刻机制造皮面半浮雕效果、装帧布机绣烫金书名、扉页点胶贴图附赠书签或藏书票、书脊皮

面竹节装配以高清压印插图等，这些工艺方式虽非纯手工制成，却为爱书、爱收藏的读者提供了合适价位的选择机会。同时，插图珍藏本针对每一本名著内容，在内页精印由世界著名版画家绘制的文学插图作品，为"藏品级"系列图书添加了个人收藏的附加价值。

拓展精品、藏品级图书市场是现代出版业借助市场提升图书文化品质、打造出版文化品牌的有效途径。任何有形的媒介材料对于图书编创与装帧而言，都是"人化"的材质，承载着情感理想与思维观念，其中体现出对不同时期文本的"文化嵌入"，具有创造性价值。某种程度而言，现代精装收藏级图书的兴起不仅重现了精美出版运动曾经试图展现的物质文化与精神文明，同样也是传统产业追求新经济、新业态发展的实践探索，是促进出版、文化、市场紧密维系的必然发展趋势之一。

第二节　出版文化品牌的创意营销

在创意经济理论中，创造和购买同等重要，众多设计、媒体和娱乐业的创新之所以能够取得巨大的成功，不仅在于人们创造了新的产品，同样也因为他们创造了新的市场。对于出版业而言，作为最早实现大规模复制的媒体产业和版权产业，近几十年来随着金融、营销和销售领域的巨大变化，以及电子图书和在线销售（包括纸质书和电子书）的成功，给传统出版领域从原稿到销售的价值链带来了挑战，出版业不可避免地迎来了翻天覆地的革新。[①] 如果说创意是通过某种方式利用一个想法滋生另一个更好的想法，那么当人们从旧想法中发现新的可能与新的意义，并尝试是否可行时，创意就已经萌生了。将出版业打造为文化品牌，与文化创意产业融合发展，进而创造新的市场需求，正是传统出版产业通过现代创意寻求突破的有效途径。根据当前已有较为典型的发展案例，出版业积极塑造文化品牌、探索创意市场与营销途径的主要形式大致可归纳为几种情况：

第一，产品本身为艺术类、创意类图书，即可供再创意发挥的原始文本素材较多，或者作者和内容本身具有公版图，制作图书周边文创设计的成本需求不高。图书主题相关的文创产品制作后可用于销售或随书赠予。

第二，出版商与其他商业品牌联名，

---

① 参见（英）约翰·霍金斯：《新创意经济》，王瑞军、王立群译，北京理工大学出版社2018年，第24页、168页。

合作推出图书与品牌产品的商业组合，通过品牌联动吸引不同的市场消费群体。一般情况下图书内容与所联合的品牌产品在内涵属性上具备某种关联价值，两者组合销售，属于捆绑式营销策略。

第三，出版文化品牌自主研发文化创意产品，打造与读书、文化、生活、学习等领域相关的高品质文创品，产品研发内容可以与具体出版选题相联系，更多则是作为周边独立线进行推广营销。独立品牌的文化产品从创意到制作往往需要相对专业的设计团队与制作商，拥有专职人员严格管理每一个环节的良好运营。

第四，通过众筹平台拓展图书文创产品的营销途径，使众筹平台转化为创新形式的销售平台。出版商聘请专业人士对图书创意项目进行价值评估，确定最终投入市场的项目内容与创意方案。实际上以众筹理念推广图书文创就相当于一种产品预售，用新概念吸引消费者，培育出版品牌文化产品的忠实"粉丝"。

（一）出版主题内容创意衍生

从出版物主题内容衍生发展的文化创意产品能最大程度吸引原始读者群体的关注热情，由对出版物感兴趣进而引发对相关

文化产品的消费意愿，可谓近年来出版业吸引读者、拓展文化市场、扩大营销范围最常见的方式。由于文化产品的设计元素与创意灵感依托于出版物自身的文化内涵，因此，艺术内容含量越高、视觉文化信息越丰富的出版载体，越容易进行同主题的衍生创意。台湾汉声出版社及其文创品牌"汉声巷"是较早尝试以出版品牌发展文创事业的典型案例。1971年《汉声》杂志创刊，起初是以"平衡东西文化交流"为宗旨的全英文刊物 Echo of Things Chinese（《中华之物回声》），1978年编辑团队意识到让更多中国人认识自身文化的珍贵意义，将刊物改为中文版《汉声》，取意"大汉天声"，编创的重点在于"衔接传统与现代"，即以传统文化为基础，提升现代生活，建立具有东方民族特色的优质环境和生活内容。[1]《汉声》每一期不同主题的确定与编创制作，都从中国传统民俗田野调查入手，以大量图文资料呈现活态的中华百姓民俗日常与民间文化。为使文化不再局限于抽象的概念与文字逻辑，办刊之初以黄永玉为首的编创团队就意识到图片视觉语言的重要性。丰富又精美的摄影、图案，以及符合现代审美的创意图文编排形式，为国内外读者展现了令人耳目一新的中国生活

---

[1] 参见黄永玉：《留住手艺——〈汉声〉杂志的传统工艺记录》，出自加藤敬事等编辑：《东亚四地：书的新文化》，网路与书2004年版，第57—72页。

情趣与生活智慧。1981 年《汉声》回归文化母土，为田野调查拓展了更辽阔的空间，民间美术、传统风俗、手工技艺等都成为汉声出版物的重要选题。编创团队制定了 5 种 10 类 56 项选题范围，并定名为"传统中华民间文化基因库"，以图文记录形式抢救中国偏远村野中潜藏的许多宛如活化石般的民俗文化。读者对于汉声品牌出版的最鲜明印象是它突破传统文字出版物范式的大体量图片资源，全彩多图编排的出版理念能最大限度提升阅读的视觉感知。也正是基于这样的办刊特色，为之后汉声出版社推出特色文创品牌"汉声巷"提供了丰沃的基础资源。

以汉声出品的《剪花娘子库淑兰》及其系列文创产品为例。1988 年秋天，汉声编辑部首次前往陕西咸阳旬邑县采访民间剪纸艺人库淑兰，当他们走过荒漠无际的黄土高原，在一排窑洞里找到库淑兰的家，一进门便被满屋满墙贴满的库淑兰剪纸作品所震撼。五彩绚丽的剪纸艺术照亮了原本暗土黄的窑洞，那时已然七旬高龄的库淑兰正坐在窗口旁的热炕上剪花哼唱。此后汉声搜集资料将库淑兰剪纸作品编创打造为一套上下两册大开本全彩精装图书，外设书函，封面即以库淑兰剪纸作品《剪花娘子》为主图，极具视觉冲击力的缤纷效果使人眼前一亮。书函右上角开斜口，方

便读者取阅图书，腰封正红色，配以斜体陈列的图书推荐文字，整体设计气势恢宏又不失灵动的民间意趣。套书的上册收录了库淑兰最具代表性的剪纸作品，以跨页大幅面展现，并对作品中的视觉元素做了详尽的分解释义。库淑兰创作剪纸有其强烈独特的个人风格，与一般认知中传统剪纸艺术固有的形式感不同，她会把平时搜罗的碎纸屑剪成细小的图形，如圆点、星形、小鸟、花朵等，再将这些色彩多样、形状各异的小纸花拼贴成一副华丽精彩的作品。《剪花娘子》的作品构成就包含了 2056 个圆点、362 个星形、252 个花瓣。汉声出版的编辑团队将这些剪纸构成元素以纹样符号的方式进行解读，利用图书的跨页设计营造更宽裕的展示幅面，使读者能够从细节更深入体会库淑兰的剪纸艺术之美。这种类似艺术画册的内页编排方式，在呈现、还原剪纸艺术创作的过程与最终视觉效果方面，较之传统图书有着明显的传播优势。套书的下册收录了 76 首当地民谣，歌谣文字的编排与剪纸作品相辅相成，翻阅时仿佛一边听着库淑兰哼唱民谣，一边欣赏她的剪纸创作。《剪花娘子库淑兰》套书在装帧艺术方面达到了汉声出版一贯追求的"文质兼美"设计水准，印制工艺与纸张材料方面也契合了书籍的内在精神，可以说是一项相当美好的文化类出版物，如图 2-10

图 2-10 汉声出版《剪花娘子库淑兰》精装套书

所示。

在图文资料如此丰盈的文本基础上，汉声出版物转化为文化创意产品的前期条件可谓得天独厚。"汉声巷"是汉声出版社打造的文创品牌，该品牌以几十年来植根民间传统文化与民间美术的汉声出版物为创作来源，通过现代设计发掘、展现传统民间工艺的鲜活魅力，为读者及新消费群体带来符合中华审美观的日常生活好物。最初"汉声巷"文化品牌产品的主要目标群体以汉声出版物读者群为固定目标，读者凭借对出版物主题的喜爱而关注并购买相应主题的文化商品。随着"汉声巷"的不断尝试，努力构建传统民艺与现代商业之间的市场平台，许多凸显图书主题的文创产品逐渐在线上线下打开了营销渠道，

而主题文创产品的受欢迎也为促进图书推广起到了最佳宣传效应。

传统图书出版以纸张媒介为主要承载物，对于纸质媒介的熟悉度能够更快捷地使读者将图书出版与创意产品相关联。诸如记事本、明信片、信笺信封等生活与学习中必不可少的文化产品是出版主题文创最常见的衍生品类型。汉声推出《剪花娘子库淑兰》的图书主题文创产品，首先即考虑笔记本与明信片。库淑兰剪花主题的笔记本采用牛皮纸（封面牛皮卡纸、内页牛皮纸）骑马钉形式，纸张风格质朴，装订工艺简洁，契合民间美术与库淑兰剪纸艺术的内蕴精神。笔记本的封面主题图案选用了库淑兰剪纸代表作《一树梨花靠粉墙》《空空树》《江娃拉马梅香骑》《狮子娃》作为视觉设计

元素。以《一树梨花靠粉墙》主题笔记本为例，这幅剪纸作品在半开大小的深色纸上以五分之四的幅面剪出一棵枝繁叶茂的梨树，枝头绚烂的梨花朵朵开放，绽放的花蕊生机勃勃，引来蜂蝶起舞，树下有身着华彩服饰的人物及欢蹦跳跃的松鼠，色彩明快、气氛热烈。以整幅作品平铺于笔记本封面，这种构图效果将原作的细节最大程度展现在创意产品上，使衍生产品与库淑兰剪纸主题紧密相连。相较于笔记本，明信片的文艺气息更强，尤其在这个通讯发达的时代，传统邮寄形式的往还应答平添了一份怀念与人情味，因此颇受青年群体的欢迎。"汉声巷"推出剪花娘子系列主题明信片，图案选用库淑兰剪纸作品《剪花娘子》《猫》

《鸡吃蝎子》《五毒》《牡丹》，一套五张，浓郁的民间色彩扑面而来。同时明信片的反面不忘印有"汉声巷"文化品牌标识，以及关于该剪纸作品的双语详细介绍，增强了库淑兰剪纸作品的国内外文化传播力，既是图书文创品的创新营销，又是强化图书主题及推介民间艺人的有效方式，如图2-11所示。

汉声《剪花娘子库淑兰》系列主题文创产品的衍生除纸质媒介外，还拓展了其他媒材的日用品及商品包装。比如以库淑兰剪纸作品为设计元素，创意制作直径为95毫米的圆形防水纸杯垫，按剪纸图形的主题分为植物与动物两套款式，每套四个，方便替换。植物主题杯垫的图案元素取自

图2-11　文化品牌"汉声巷"推出的《剪花娘子库淑兰》文创产品：笔记本、明信片

库淑兰剪纸作品中的桃、瓜、石榴、佛手果，动物主题则来自剪纸作品中的马、鸡、蛙、鸟，它们形态各具特色，生动鲜活。所有杯垫的背面都印有"汉声巷"的品牌标志，以及相应的剪纸作品名称，便于读者或消费者辨识。有了杯垫自然会联想到杯子，从纸质媒介的平面剪纸艺术到立体结构的产品设计，库淑兰剪纸艺术系列骨瓷杯的产生是图书文创尝试的又一次媒介转化。两款骨瓷杯一经推出便受到市场欢迎。其中标准杯高 88 毫米，上端口径为 78 毫米，底部直径 73 毫米，这个重约 350 克的马克杯主图选用了库淑兰的代表作《剪花娘子》。剪花娘子形象作为库淑兰自己创作的自画像，饱含极大的创作热情与想象力。剪花娘子正面对称的五官形象在杯身上被放大，弯眉大眼、桃形鼻、月牙嘴、眉心红，这些"库淑兰式"的形象特征极具装饰性，该产品

也因此被称为"脸杯"。另一款杯子高 120 毫米，上口径 80 毫米，底部直径 65 毫米，形态上更修长，因而也称为"高杯"。杯身选取库淑兰剪纸作品《五姐妹》，这幅以歌颂劳动妇女生活为主题的风俗剪纸画，围绕杯身一圈构成二方连续的图案故事，如图 2-12 所示。这些极富民间美术特色的文创产品不只是普通的日常用品，更是库淑兰剪纸作品的"再媒介"转化，实现了民间艺术与商品设计的融合表达。

不仅如此，"汉声巷"还将库淑兰剪纸艺术的图案形象以文化 IP 形式赋予特定商品，作为商品外包装的设计主题。比如"汉声巷"推出的冻顶乌龙袋泡茶，为传统经典茶叶产品增添民间艺术装饰的视觉外观。库淑兰的剪花娘子图案造型在牛皮纸质的纸盒包装上呈现民俗民间特色，茶盒外立面上印有剪花娘子喜庆欢乐的脸部造型。当

图 2-12　文化品牌"汉声巷"推出的《剪花娘子库淑兰》文创产品：杯垫、骨瓷杯

多个茶盒连续陈列摆放时，通过不同盒体立面的组合构图，可以形成多个剪花娘子脸部图案的连续图，趣味盎然。内部茶袋的小包装设计同样别具匠心，除了"汉声巷"的品牌标志外，每个茶袋都印有一幅库淑兰剪纸作品图案，题材多样、绚丽缤纷，整个茶叶包装盒被打造为艺术与品位兼具、主题与立意鲜明的伴手礼盒，图2-13所示。

汉声通过对图书主题的衍生，灵活应用出版资源进行创意产品的开发，将图书与文创合构为一个完整的经营体系，成就图书与品牌文化推广的双赢。在文化产品创

新方面，汉声自1994年起每年发行"大过新年"年俗文化海报书，在出版文化品牌市场引发强烈反响。该系列海报书的内容编辑从年节、生肖主题出发，艺术表现形式涉及门神、剪纸、版画、刺绣、石雕、木雕、面花、泥塑等多项民间美术。海报书的装帧构思尤其独树一帜，将印有生肖文化内容的十二幅海报折叠后编辑成书，以撕拉线的设计巧妙形成互动结构，使读者打开后可自行撕下海报，展开成为独立的民俗大海报进行张贴，如图2-14所示。从出版物角度而言，这本融合了互动设计的海报书

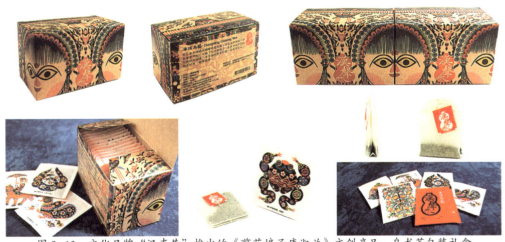

图2-13　文化品牌"汉声巷"推出的《剪花娘子库淑兰》文创产品：乌龙茶包装礼盒

图2-14　汉声出版的"大过新年"海报书

内容囊括了每一个传统新年最具代表性的民俗文化信息，每一幅海报展开后都是一个小型图文资源库；从文创产品角度来看，"大过新年"海报书的构思创意新颖，最终呈现给读者的产品形式是可供张贴的大幅海报，迎合了传统年节特有的习俗文化。汉声将此独特设计的出版物称为"动手除旧布新"，让传统年俗融合于现代生活空间，也使图书出版更精准适用于现代商业与文化市场的拓展。

（二）品牌联名打造产品组合

出版文化品牌的推广不只是对图书售卖功能的满足，如果仅仅依靠选题策划与常规营销思维，很难引起文化市场的持久关注。因此，想要树立读者及其他消费群体对品牌的忠诚度，需要挖掘图书产品的创意内涵与文化转化潜能，赋予出版物更丰富层面的价值需求，为文化市场带来崭新的消费体验。品牌联名营销最典型的卖点即跨界合作，将本不属于同一产品市场领域的品牌创意组合，推陈出新，赢得固有消费市场的同时，创造新的潜力市场。对于出版产业而言，品牌联合除了带来跨界的"惊喜"效果外，还引领传统纸质图书的跨媒介转换，将图书内涵或装帧的视觉形象转换为其他媒介形式，由此扩充书籍出版的传播载体。

上海译文出版社自 2009 年起推出"译文经典"名著类精装全译本丛书，这套名家翻译经典丛书采用小 32 开精装本，封面统一以花色各异的大面积纹样为背景，书名、作者及出版社信息分别用白色书标形式标注，视觉效果疏密得当。"译文经典"至今已出版逾百本，所选译本皆为上海译文出版社不断重印的经典版本，图书小巧精致，系列感强，适于收藏，深受读者喜爱，又由于统一装帧式样下从不重复的绚丽花色封面，被读者爱称为"窗帘布"系列丛书，如图 2-15 所示。2020 年上海译文出版社与原创时装品牌"步履不停"联名合作，将"译文经典"系列丛书的特色封面与文艺风格的服装面料相结合，纸质图书产品与纺织类服装产品之间形成奇妙的媒介转化，引发了业内与市场的广泛关注。

通过书籍内容衍生纺织类文化产品的文创案例已屡见不鲜，市面上常见的文化 T 恤衫与帆布包正因其材料与制作工艺方便易得，成为首先进入文创市场的产品大类。上海译文出版社在此之前，也曾做过小规模的服装类衍生产品，比如 2015 年为配合村上春树新书《没有女人的男人们》活动宣传，推出了主题限量版插图 T 恤衫，获得了一部分该书读者群体的支持。然而诸如文化 T 恤衫与帆布包等流行的纺织类文创产品，由于普及度高、制作与投入成本相对较低，

图 2-15 上海译文出版社"译文经典"精装丛书

某种程度上降低了产品的创意度与市场吸引力。另一方面，相对单一的读者消费群体也固化或者说限定了图书文创市场的衍生与进一步拓展。为了打破这一创意瓶颈，避免图书文创与同类产品形式雷同，以及仅仅作为新书营销的附加陪衬，上海译文出版社从灵活运用品牌效应出发，与同样注重引领文艺潮流的服装品牌"步履不停"联名创新，主打"穿上身的装帧艺术""披上一本书，感受文字与肌肤、与心灵的零距离接触"等推广理念，设计制作更能体现系列书籍装帧美感的联名款服装单品。2020 年 3 月，"步履不停"品牌方率先在官方微博发布"译文经典"系列书籍装帧封面图，并配文"如果把一个人想象成一本书，那么一件衣服，

可以是封面。书的封面可以做成花纹的话，你喜欢哪一本呢？"之后不久，"译文经典"丛书中的《月亮与六便士》便成为系列产品中第一个品牌联名选题，开启了图书出版与文创市场融合发展的创新合作模式。

"译文经典"系列丛书中的《月亮和六便士》是英国作家毛姆的长篇小说代表作之一。书中故事以法国印象派画家保罗·高更为创作原型，故事主人公原本是位成功的证券经纪人，人到中年迷恋上绘画，离家去往巴黎追求绘画理想，最终选择弃绝文明世界，到南太平洋与世隔绝的塔希提岛上寻找适合艺术灵魂的归属地。该书装帧封面由蜿蜒缠绕的花与叶构成，色调浓烈偏暖，主要色彩由略带灰调的橙和蓝两

种色系构成色彩学上的对比关系，视觉效果鲜明。"步履不停"与"译文经典"联名系列共推出三款《月亮与六便士》服装式样，其中两款使用封面图案做衍生面料，式样为短袖衬衫与连衣裙。特别定制的服装面料从色彩到图案对原书封面都有着极高的还原度，新产品推广将其描述为"自由与勇敢的盛开，浓烈到不惧怕任何事"的文艺主题。品牌联名款短袖衬衫为落肩宽松版型，西装领，做工细致，略微透光的《月亮与六便士》书封同款纹样面料质地垂坠飘逸；同主题连衣裙采用相同面料，简约 V 字领型，腰部设计褶皱搭配可调节腰扣，束腰大裙摆的款式，颇有文艺风度，如图 2-16 所示。由于"步履不停"服装品牌的创始人自身喜爱读书与写作，因而在联名合作的服装创意、设计制作、营销推广等多重环节都自然地向文艺风格靠拢，比如包裹产品的快递外包装袋上印有文案："时间会折旧这件衣服，也能更新你。""只要步履不停，我们总会遇见。"而服装内

袋的文案则有："要永远记住，你的新衣服是用来讨好自己的，你的人生也是。"与此同时，衣服内缝的联名标签反面也印有文案："读过的书走过的路，都会变成你。"这些由出版社图书编辑和设计师共同为服装品牌创作的辅助文案，以优美文笔为文学与时尚的结合塑造美好氛围。"步履不停"品牌线上店还将创意服装的销售与图书营销互为关联，如购买连衣裙外加 9.9 元，即可换购一本全新的《月亮与六便士》，但如需退还衣服，那么图书也要求一并退回。在购买者群体中，不乏一些已读过该书却仍旧换购图书为与服装相配，以此留存纪念的消费者。

紧接着《月亮与六便士》的成功尝试，"译文经典"与"步履不停"联名品牌陆续推出了《名人传》与《海浪》的系列主题服装。《名人传》是由傅雷译、罗曼·罗兰著的传记名著，集合了三本罗曼·罗兰的名人传记：《贝多芬传》《米开朗琪罗传》《托尔斯泰传》，被誉为"巨人三传"。"译文经典"

图 2-16　"译文经典"与"步履不停"联名款《月亮与六便士》服装

版《名人传》的封面装帧以抽象水墨色块透叠作为主要背景基调，深浅不一的普鲁士蓝错落有致，营造出晕染的墨水痕迹，露白的空间部分透出罗曼·罗兰的手稿字迹，整体视觉效果淡泊雅致，书卷气扑面而来。"步履不停"推出联名款《名人传》短袖印花衬衫，面料的花色沿袭书封设计，尤其精致地保留了罗曼·罗兰的手稿字迹细节，丰富了衬衫面料印花的层次感。式样方面，衣袖宽松，衣摆分叉开口，沉静的普蓝色调与飘逸的面料质感贴近书籍装帧原有的气质与风格，又增添几分清新与不羁的格调。另一个绿和紫色系的系列服装主题来源自"译文经典"伍尔夫的《海浪》，这是 20 世纪英国著名女作家伍尔夫在其创作力鼎盛时期的长篇意识流小说，原书出版于 1931 年，作品风格诗意而抽象。书中通过刻画六个人物的平行意识流，描绘了六种不同的个体意识形态，文笔充满象征

意味与唤起想象的朦胧特质。《海浪》的书籍装帧色调由略偏灰调的翡翠绿和蓝紫色构成，灰色调中和了饱和度，使整体装帧更显温和内敛。联名服装推出长袖衬衫与连衣裙两种款式，衬衫是宽松版型，宽衣领，下摆分叉开口设计，面料相对较厚实；法式衬衫连衣裙小翻领，腰间设计抽褶收腰，大摆长裙，行走摇曳，文艺气息浓郁。面料印花色彩精准地还原了《海浪》的书装封面，更好地衬托出着装者的肤色，同时也将伍尔夫作品中浮动的诗意完美呈现，如图 2-17 所示。

除了服装面料与书籍装帧封面的创意融合，"译文经典"与"步履不停"在推广联名品牌产品的宣传方面也精心策划，营造阅读氛围。比如专为联名款服装拍摄的模特照片会有意识地将书房、画室、工作室等场所作为环境背景，渲染静谧悠长的读书时光与沉思片刻，以此传递联名创

图 2-17 "译文经典"与"步履不停"联名款《名人传》《海浪》服装

意所蕴含的文化期待。正如品牌方为联名服装设计的文案那样——"真希望，我们一年里读过的书，比穿过的衣服多。"继《名人传》和《海浪》之后，"步履不停"在其线上店铺推出了"译文经典"联名款的另两个系列，分别来自美国作家理查德·耶茨的短篇小说集《十一种孤独》与萨特的《存在主义是一种人道主义》。前者在封面装帧上使用了色彩饱和度较高的蓝绿主色调，以水平与垂直纵横交错的线条排列构图；后者整体装帧呈暗紫深灰调，墨绿色枝叶与白色小花柔软地嵌入紫色背景中。两本书在直线构成与曲线韵律感的表现上特征鲜明，摆放在一起形成一种相得益彰的视觉效果。联名品牌因而将其做成男女两款短袖衬衫，并命名为"译文恋人"，在"520"当天以纪念产品发布，同时还贴心准备了一份"译文恋人"的专属优惠券，浪漫而生动的营销方式令人印象深刻，如图2-18所示。

"译文经典"与"步履不停"的联名创意产品一度成为文化与出版领域的年度话题。不仅如此，"我把书的封面穿在了身上"成为当年度读者自媒体平台的关注热点。许多定位于文学与阅读主题的自媒体博主因这项联名合作客串了一把穿搭博主：一边介绍"译文经典"的图书作品，一边展示由"步履不停"特制的图书主题服装，进一步为图书联名品牌扩大了社会宣传效果。对于传统纸质书而言，有品质感和设计感的图书装帧是进行文创衍生的基础，上海译文出版社的"译文经典"丛书恰巧具备了特色系列装帧的优势条件，依托出版物设计的创意基础，寻找到适合延伸装帧风格与扩充图书文化的相关产业链。出版社与商业服装品牌正式合作尚属创新，品牌联名采用销售分成的形式，出版社的部分收入会与图书设计师共享。为了实现更好的宣传效果，出版社还会从图书编辑

图 2-18　"译文经典"与"步履不停"联名款《十一种孤独》《存在主义是一种人道主义》服装

与装帧设计师角度出发，为联名服装品牌提供相应的文案辅助。巩固并提升经典书系的品牌效应是出版社参与联名合作带来的最大成效，也是最主要目标。另一方面，已经与理想国、单向空间等文化品牌有过成功合作经验的"步履不停"服装品牌，同样并不看重短期利益回报，而是更关注文化推广价值与资源互换的潜力，致力于成为"互联网里距离文化行业最近的服装品牌"。事实上，联名款服装产品每售出一件都需要向出版社支付一定版权费用，即便如此，达成的品牌影响力与社会效益也远超商业考量，这也成为许多商业品牌选择出版业作为全新文创市场开拓的主要原因。

在业态升级与转型发展的时代趋势下，出版业当前积极探索的跨界合作与创意营销方式跟以往局限于笔记本、帆布袋、文化衫等传统文创范畴有明显区别。品牌联合创新模式的建立，以及获市场认可的文创产品带来的社会效应与经济价值，都促使出版业以更开放的视野看待新、旧媒介的融合发展，用更积极的心态探索全新领域。2021 年上海人民出版社·世纪文景推出老舍文学奖、茅盾文学新人奖获奖得主文珍的首部小说集《气味之城》十年重版，该书收集了包括《北京爱情故事》《安翔路情事》等在内的 11 篇故事，以城市漫游者的视角观察、讲述大城市中的小人物。

新版本的装帧封面以多片淡粉色睡莲花瓣为视觉元素，选用灰调粉色铺陈书封底色，在脉络隐约的透明花瓣中心竖排编辑书名文字，整体气质舒朗雅致，有着典型的女性风格。《气味之城》开篇即为一篇同名作品，或许是启发于作者敏锐而细腻的文字描写："时间会过去，事物会消失，唯气息长存于记忆间"，当出版社与作者意图打造联名图书文创产品之际，首先进入创意范围的想法就是将书籍与气味关联在一起，因此香薰品牌就成为探讨合作意向的优质对象。"为一本书做一支香，共同构建一座气味之城"，在文案宣传语推出后不久，读者就在书市上看到了由上海人民出版社·世纪文景、"述之有味"香氛品牌、"与光共舞"国际灯光艺术孵化运营机构，三方联合出品的《气味之城》签名书与特调香氛礼盒。香氛调香师根据《气味之城》的文学格调特别研制一支带着故事与记忆的香味，从气味灵感、包装设计，到细节打磨与文案撰写，每一处都贴近书籍内涵。"述之有味"的调香师将做香与时间相关联，认为一支带着故事和记忆的香气在盛开之前，创作过程中或许已生长出很多故事。《气味之城》图书再版与香氛品牌的跨界创意，让故事有了气味的引导，让气味有了生命的流动。更有意味的是感受气味的嗅觉，与包装精良的外观视觉，融合了优美文字构成的逻辑思维，多重感受丰满了读者的想象，补全了对于图书的完整感官和心理体验。常见的香调专用语汇与文字描述中的"去讲述那些无比珍视的岁月，以气味为轴，回望成长的影子，每一种味道都是真实生活的倒影和重塑，希望在气味中寻找那些逝去的时间"形成了交相辉映的对应关系。

《气味之城》联名品牌推出的签名书与特调香氛礼盒，外观包装纯白素净，打开后左右匣盒内分别盛放签名版《气味之城》新书一本，以及同名款"气味之城"香氛。

外在的素雅展现出礼盒内容的文心，同时也与香氛简约的瓶身容器相契合。雅致的外函盒犹如一座白色城池，应和了书中那一座"时间的城"，而紧扣的绑带又如同"门上上了木扣的锁——除非渴望了解城中的一切，带着一点好奇和无畏，不能轻易推开"。联名礼盒推广的文案描述了牛油纸材质的"城墙"有着肌肤般的肌理，触感温暖，在打开的一瞬间，使故事和香气同时呈现，如图 2-19 所示。

转型升级中的出版产业与商业品牌都

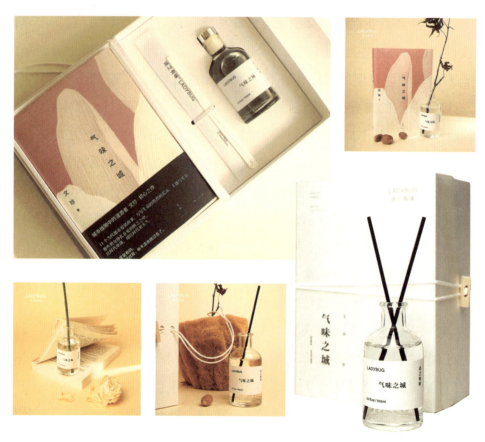

图 2-19　《气味之城》签名书与特调香氛礼盒

在跨界融合中结合自身特色，寻求新的发展领域，以更宽阔的视野探索被现代市场认可、兼具精神内涵与经济价值的创新图书文化产品。这种跨越传统领域边界的融合与突破，开启了版权共享、品牌价值叠加的全新形态文创潮流。

（三）独立品牌文创产品研发

创办于2005年的"单向空间"是国内较具影响力的独立品牌书店，兼营图书出版、文化推广、公共空间创建，致力于创造"阅读"事件、追求知识与价值认同，从而成为记录社会文化记忆的聚集地。"单向空间"的发展经历了传统出版到数字出版的转型期，进入今天全媒体的数字化新时代，其品牌文化塑造与出版设计新理念颇具研究代表性。2009年刊物《单向街》问世，五年后更名为《单读》，紧随其后推出了新媒体形式的单读APP移动客户端，这意味着除传统纸质版刊物外，APP、网站、音视频、微博微信等自媒体，以及各类文化沙龙、展览活动等都逐渐成为"单向空间"图书文化拓展的新阵营。不仅如此，自2015年起，"单向空间"陆续开发新媒体"微在"、文创品牌OWSPACE、咖啡轻食"单厨"，以及视频产品Young thinkers等，全新的

运营思维将知识与审美的传播拓展到听觉、视觉、触觉、味觉等全方位，构造了立体、多元、沉浸式、跨媒介的体验。[①] 目前已开发微信公众号包括"单向空间""单读""微在""微在涨姿势""单向空间会员俱乐部"；建设网站"单向空间""微在"；开通新浪微博"单向街图书馆""微在涨姿势"等，另外还在豆瓣与优酷上发布关联话题和视频。对此，《单读》现任主编吴琦认为全媒体运营非常重要，能为更多渠道的作者发声，而他同时也表示尽管新媒体占据了编辑出版更多的时间，但"一年的心血不会只剩代码"[②]，纸质刊物将成为互联网世界与新媒体工作的寄托，带来一种稳定的信念感。《单读》的编辑团队期望将刊物打造为一个具有媒体性质的公共平台，而新旧媒介的融合无疑是实现转型的关键。

2020年8月"单向空间"编辑出版的新一年《单向历2021台历》由北京联合出版公司出版，单向历是"单向空间"旗下文创品牌OWSPACE研发的图书文创品，自问世以来广受欢迎。单向历的诞生源于2015年"单向空间"书店公众号编辑在自媒体平台推出的一个每日更新栏目，内容以文学经典作品或台词、歌词中的金句为主题，形式上采用老黄历的传统编排方式。

---

① 沈婷，郭大泽：《文创品牌的秘密：从创意、设计到营销》，广西美术出版社2019年，第205-219页。

② 《〈单读〉十周年：在宽阔的世界，做不狭隘的人》，澎湃新闻，2020年1月12日。

最初是线上单向历，由于受读者欢迎，成为固定栏目并发展为实体台历文创品。2021年新版单向历在设计上借鉴了1920年代的报纸排版，在月头页特别呈现当时生活画报的形式，视觉风格则表现20年代盛行的装饰艺术（Art Deco）潮流。复古形式与现代文字内容相结合，纸质台历与线上配套APP同步，可谓名副其实"新青年的老黄历"。在台历结构与工艺创新方面，自2019年黑金版单向历问世时，就使用了一种全新的立架形式，不再用封面翻折的方式，而是配上一个可活动的金属支架，使用时只需轻轻甩开就可以稳稳地立在桌面之上，形式极简又难以模仿。此外，通过顶端增设的撕拉线工艺，使用者每天手撕更换日历页，撕下的日历页还可以发挥书签等阅读辅助功能。金属立架定制的不锈钢铆钉，使台历撕到最后一页时仍能保持整体造型。单向历曾荣获2017年度德国红点产品设计大奖红点奖，以及2018年度德

国iF设计奖，成为国际专业设计领域认可的创意产品，如图2-20所示。"单向空间"的图书文创品牌相信在经典中存在历久弥新的创意能量，正如从线上专栏转化为实体单向历，将传统文化内容作为持续创新的来源，同时利用新媒介技术，在产品开发上实现更多与人互动的可能性。

作为国内具有文化号召力的独立书店品牌，"单向空间"坚持出版并推出与出版、阅读紧密关联的原创文化产品，保持独立的视角与态度是"单向空间"的重要特质之一。品牌负责人曾坦言不希望将书籍当作装饰品，而是将图书文化中包含的"智识""审美""品味"融入人们的日常生活。品牌研发推出的文创产品相较于市面上其他书店经营代理的产品，有着一个极为鲜明的倾向性，即突出文创产品与图书出版的关联性。在"单向空间"的线上官方旗舰店平台上，除了图书出版物的推荐与销售，主推旗下智性生活原创品牌开发的各类图书文创产品，

图 2-20　"单向空间"图书文创产品：单向历台历及其 APP 应用界面设计

手工书皮、主题书衣、创意书签、手账与记事本等，均个性鲜明地展现出与图书阅读相对应的主题特征。以热销文创产品"单向书衣"为例，这款给书籍"量体裁衣"的创意产品，应用新材料为书籍提供优雅而持久的保护，目前推出的系列中包含"单向书衣（基本款）"与"单向书衣（收纳款）"。"单向书衣"在称谓与形式上与传统包书皮相近，但绝不仅限于此，这款图书创意产品以简约形式和创新材料呈现更多有关阅读的功能，同时提供多种规格，以满足不同尺寸图书的使用需求。首先，在材料应用方面，"单向书衣"采用杜邦"特卫强"创造新型书衣，"特卫强"是一种用途广泛、环保耐用的无纺布材质，具有质地轻、防潮湿、抗撕裂、不易变形的特点，兼具纸张与布料优点，经常被应用于无菌医疗产品包装和建筑防水材料中。在"特卫强"封皮内缝上细密平滑的涤纶内衬，使整体产品更持久耐磨，也为书衣挺括的外观赋予一定的柔软度，使用时更具亲和力。"单向书衣"采用新型材料制作书衣，创造一种轻薄、耐久、防泼水、抗揉皱的文创产品，所有的设计都满足读者对于图书保护的功能需求。其次，在外观及触感方面，"特卫强"材质所特有的表面特殊纹理，为"单向书衣"增添了外在褶皱感，每一件书衣的褶皱皆独一无二，没有两件书衣是完全相同的。褶皱的肌理纹样带来温暖有质感的触觉体验，赋予读者一种有深度、耐寻味的心理感受。书衣产品的主体颜色丰富多样，"绅灰""墨绿""褐红""蝶黄""橘橙""米白""玄黑""银灰"等色彩命名具有人文特色，形象又生动。"单向书衣"共设三款尺寸大小，适用于不同大小与厚度的书籍，最小号适用于小32开书籍，中号适合32开书籍，大号适合小16开书籍，使用时的具体高度可根据书籍厚度自由调节。此外，"单向书衣"还在每款书衣外观上设定不同的阅读情境与文人名言，如卡夫卡的"一本书，必须是一把凿开我们心中冰海的利斧"，苏珊·桑塔格的"影响我的可能是一个句子而不是一个故事，不是一本书，甚至不是一个作家"，海德格尔的"一首诗的伟大正在于，它能够掩盖诗人这个人和诗人的名字"，普鲁斯特"每个读者只能读到已然存在于他内心的东西"等。这些精妙的文字与作者姓名都以烫金工艺精致地印刷排列于每一件"单向书衣"底部，既光泽闪耀又内敛低调。最后，在书衣的结构与功能方面，书衣内有的书签带设计配有可移动指针，能够随时标记阅读进度。隐藏式的笔插可供读者随身携带书写工具，随时取用放置。在书衣的侧部设计调节带，使产品可以根据不同书籍的厚度，调节并固定，将图书牢固稳定地包裹好，如图2-21所示。为书籍包上书皮是一个颇具传统的阅读习俗，不同读者对于书衣的需求也有着非常个性化的特点，有为了书籍装帧不受损害的，也有为了保护阅读私密性的，"单向书衣"的出现从外观到手感再到内涵，为爱书者提供了多层次的满足感。

"单向书衣"还另外设计了特色主题款和图书专题款书衣，进一步扩大市场群体。比如针对女性作家与读者推出的口红系列"单向书衣"，以"思想才是那支适合你的口红"为创意广告语，选取 12 款不同质感的红色材料制作成书衣，以此对应 12 位来自女性作家、艺术家及学者的名言，宣扬智识是女性力量的来源，是审美与品味的基础。口红系列书衣的创意点在于以女性消费者熟悉的口红色号为设计亮点，引发

女性读者兴趣关注的同时，带来产品的"惊喜"效果——原来是书衣包装！整齐排列的不同红色系书衣在陈列时色彩协调融合，丰富变换的红色犹如魅力色卡却更具备知性的力量。在"单向空间"线上店展示的每一幅商业产品摄影中，聚集了口红、书籍、文字、玫瑰、珠片、钢笔等不同道具元素，糅合了代表妩媚女性气质与独立思想光芒的象征符号，构成奇妙的视知觉效果。在材质方面，这款口红系列"单向书衣"采用了荷兰进口 PVC 材质，防水耐脏、环保耐用。官方的介绍文字中称其为"颠覆对 PVC 材质的想象"，材料能够呈现不同的光感和表面纹理，如同丝缎、皮革、红色砂砾。不同质感好比口红中的奶油或哑光质地，为女性爱书人创造具有审美和收藏价值的图

图 2-21　"单向空间"图书文创产品：单向书衣

书文创好物。口红系列书衣同样分设三种尺寸以适用于不同开本的图书需求。书衣在不同质感的红色材质上烫金，记录来自女性思考的吉光片羽。如以20世纪美国艺术家乔治亚·欧姬芙命名的一款色号，辅以烫金文字"生命中每时每刻我都在害怕，但是我从来没有让它阻止我做想做的事"。以美国著名女诗人、普利策获得者伊丽莎白·毕肖普命名的色号，配上她的文字"我们宁肯要冰山，而不是船，即使这意味着单旅行的终点"。以弗吉尼亚·伍尔夫命名的色号，烫金文字示以"一个人能使自己成为自己，比什么都重要"。而玛格丽特·杜拉斯的色号则烫印文字"我在世界上最爱的是你。胜过一切。胜过我所读过的一切"。以及用张爱玲命名的色号书衣上印有烫金文字"对于不会说话的人，衣服是一种言语，随身带着的一种袖珍戏剧"。诸如此类，如数家珍般呈现全球女性文学家、艺术家、

思想家们的经典语录，汇集了女性自由意志最引人瞩目的光彩，为"单向书衣"的产品创意和营销推广增添了文化深度，如图2-22所示。

除了品牌原创的图书文创产品开发外，"单向空间"也与其他知名品牌展开联名合作，比如与大英图书馆的合作产品系列，在主题拓展与市场开发方面赢得了不少认可。大英图书馆自身拥有逾两亿件馆藏品，包括古籍抄本、杂志、报纸、影像等，"单向空间"选取其中有关世界文学、自然科学、时尚文化等收藏内容，获得授权后进行文创衍生产品开发，使这些文化意蕴深厚的新产品成为阅读与书写的陪伴物。如联名品牌开发的达芬奇手稿收纳包，即以文艺复兴时期著名的达芬奇手稿为主创元素，从目前留存的七千多页达芬奇手稿中选取两页，设计为收纳包的外观视觉形象，让五百年前文艺复兴大师的纸上密码伴随人

图 2-22　"单向空间"图书文创产品：单向书衣"口红系列"

们的每一次日常出行。这款联名收纳包选择的手稿本身相当独特，它是达芬奇特有的"镜像文字"书写——以左手书写，自右向左，字母镜面翻转，只有在镜子映射之中，才显示原文的真实样貌。如此"密电码"式的独特手稿为创意产品赋予了艺术大师的传奇色彩。收纳包的材质选用了杜邦纸与 PU 仿皮合成材料，具有防水牢固、便于清洁的优良特性。大面积达芬奇手稿覆盖的外观呈现出复古经典的产品气质，兼具科学理性与艺术创意之美。在"单向空间"与大英图书馆联名推出的一系列文创产品中还有一款"黄皮书"书衣，《黄皮书》(*The Yellow Book*) 是曾令才华横溢的王尔德着迷的著名杂志，这本 19 世纪出版的刊物在其并不长久的出版生命中对英国文化史产生过重要影响，刊录了当时英国许多先锋作家和艺术家的作品。"单向空间"的"黄皮书"书衣采用了《黄皮书》艺术总监、唯美主义先驱比亚兹莱的插画艺术作品，作为书衣的外观视觉形象。整件书衣设计依循《黄皮书》的刊物装帧式样，既是保护其他图书的书衣产品，也是原版刊物的原貌复制品。"黄皮书"书衣系列产品共有两款，一度引发热爱英国文学与艺术的读者的广泛兴趣，有读者购买产品完整系列后评论这是一套具有收藏价值的文化产品。联名品牌的创意潜力与现代转化价值从中可窥一斑，

如图 2-23 所示。

以图书出版文化活动为创办初衷的"单向空间"当然也出售书籍，因而在一众图书文创产品中，还有针对某本具体图书创作的系列文化产品。这类产品的设计元素与设计意图主要围绕一本书籍的实际内容进行延展，突出作者的创作特色，衍生的创意产品往往与书籍有着相当紧密的关联程度。这种以图书出版为核心，将出版物的内在精华提炼后创意呈现，围绕书籍内容展开一系列文创研发的特色模式，将成为图书文创开发与营销的创新思维之一，促进今后出版业融合发展的成功转型升级。

"单向空间"作为领先业内的独立文化品牌，面对社会与商业环境大变革的时代机遇，能准确认识到书籍、出版、文化、媒介等问题的核心，寻找合适的产品介质，通过优质的设计与制作，呈现品牌立意与创意初衷，成就"单向空间"对图书文化创意品牌的定义。在"单向空间"线上平台的产品分类栏中依次罗列了 2021 年度新品、新书上线、单向历系列、单向空间联名系列、书房系列（新文房好物，包含书衣、书签、手账、书立、笔袋、文件袋等），以及"单向空间"创始人许知远的原创品牌产品。系列名目众多，产品信息丰富，始终突显书籍与文化的核心作用，将书籍作为创意的本体语言。与此同时，"单向空间"品

图 2-23　"单向空间"与大英图书馆联名文创产品：达芬奇手稿收纳包、"黄皮书"书衣

牌团队信奉商业与文化两者并不冲突，关键在于保持独立视角与积极态度，而这一观念正逐渐成为出版文化日益推崇的独立原创精神，促进整个业态与市场的更迭与完善。

（四）众筹平台拓展营销渠道

众筹来源于英文"Crowdfunding"，直译为大众筹资或群众筹资，一般由发起人、出资人、平台三方构成。在互联网经济发展浪潮中，众筹通过网络平台联结投资者与资金需求方，募集资金用于包含创新创业、艺术创意、设计发明、科学研究，以及出版发行等领域。世界银行 2013 年发布《发展中国家众筹发展潜力报告》，其中将众筹的概念描述为"以互联网科技为基础，利用社区和公众的智慧与判断来决定一个创业项目或计划应当得到多少市场关注、资金支持，并能为尚在起步阶段的项目提供实时反馈"。① 此外，根据世界银行报告预测，至2025年众筹总金额将突破960亿美元，亚洲占比将大幅增长。② 2011年我国出现第一批众筹网站，2014年众筹网站大量上线，而这一年也被称为中国众筹元年。根据《中国众筹行业发展研究2018》中的数据统计，在中国政府大力推进"双创"的时代背景下，2016年期间，我国正常运营的众筹平台共有532家，众筹项目总数达58605个，其中成功项目48437个，完成融资总额约217.43亿元。③ 种种数据与现实案例显示，众筹创新商业模式在互联网金融大潮的推动下，以迅速发展的态势影响各类行业领域，逐渐改变了传统业态经营的固有思维模式。尽管出版领域的众筹商业探索仍然处于发展初期，但这并不影响众筹为传统出版业运作及发行观念带来的颠覆式改变。通过越来越多出版众筹项目的成功试验，出版领域开始将众筹模式的实践探索视作业态转型发展的重要契机之一。

当前出版众筹项目的出现被认为是一种新颖的创意营销方式，尤其对于出版创意产业而言，似乎已成为一个蕴含无限想象的潜在发展空间。而事实上从最初对众筹的概念定义可以看到，众筹兴起的目标并不在于营销，只是随着网络营销的社会化及其实现价值的大众化普及，演化为一种有效聚集社会力量与群体智慧的营销途径。众筹营销的起源是创意者为实现创意活动梦想向公众筹募赞助，全球第一个互联网众筹平台 Kickstarter 于2009年成立于美国，专为具备创意潜力的企业及项目筹资。众筹营销以项目融资为主要目的，与网络营销形成相辅相成的互为促进关系，鼓励消费者互动并进行预购，从而实现新品生产的预期目标。对于消费者而言，众筹的真正吸引点在于直接参与项目推进的全过程，从产品设计、研发、传播、销售，一直到售后与运营，每一个环节都由消费者深度参与，迎合了互联网时代消费者的个性化需求，促使市场权力逐渐倾向于消费者。对于策划众筹项目的品牌商而言，众筹不仅是一种新型网络营销模式，更是行业企业主动建立品牌形象的积极探索过程。④ 为顺应互联网金融的时代发展趋势，也为了加快推进传统业态的转型升级，出版业内的众筹营销应运而生。

---

① 参见万峰：《金融基础知识》，中国金融出版社2018年，第128页。

② 马永仁：《区块链技术原理及应用》，中国铁道出版社2019年，第95页。

③ 袁毅，陈亮：《中国众筹行业发展研究2018》，上海交通大学出版社2018年，第2页。

④ 参见包金龙，邵嫣嫣：《网络营销：工具、方法与策划》，苏州大学出版社2019年，第141-142页。

出版众筹的产生并非偶然因素，从产业自身发展情况与社会环境考量，数字媒介技术的发展改变了人们获取信息及传播信息的方式，读者与消费者的选择日益多元化，传统出版既难以满足公众升级的需求，又在资源拓展方面陷于瓶颈，因此，有学者将出版众筹的产生归因于公众不断增强的参与精神、对出版资源的需求，以及众筹行业本身的发展与完善。[1] 与其他众筹模式相同，出版众筹由发起人（出版商）、支持者（读者消费者）、众筹平台三方构成，运作流程基本为策划并发起项目、平台项目评估、筹募资金、项目实施（众筹失败则项目撤销）、项目反馈评价五个步骤。一些针对个人自由出版的众筹平台还会提供校订、排版、印刷等配套服务，而专业出版社发起的众筹项目则由出版社完成图书出版发行等专业领域的各项工作。可以认为，众筹出版促进了传统出版业态的转型发展，为出版业带来观念的变革。形式灵活、门槛较低的出版众筹创新模式某种程度上发挥了促进传统出版向融合出版转型的过渡衔接作用，为传统出版及出版文创产业的创新发展开拓了一条符合现代市场需求的新路径。

文汇出版社自 2019 年起开始尝试出版众筹，得益于充分的前期调研与精细的策划设计，至今已成功实现众筹出版项目十余项。如图书《手艺与禅心——寻找中国匠人之旅》的众筹出版项目，在中国众筹网上线后，近一个月时间内共募集资金 12 万元，顺利完成了图书出版。该书最初选题出于对传统手工艺的推广，是以介绍中国濒临失传手艺的文化类图书，具有一定出版价值。为使图书更具文化魅力以及展现中国传统手艺之美，出版社打算以图文并茂形式编创内容，全彩印刷、创意装帧。精良的设计构想无疑会导致图书印制成本的提高，因此出版社以这本图书为对象，尝试发起出版众筹项目。很快该项精心筹划包装的图书项目就以其独具中华文化特色的内涵引起了读者群体的关注，众筹出版项目获得了成功。出版社在众筹营销策略方面独具创意，除图书编创与装帧以外，特别增加书中涉及手艺人的真实作品，如越窑青瓷、缂丝团扇等。此外，参与众筹的幸运读者还有机会获得前往手艺作坊与手艺人见面的机会。该项出版众筹项目成功后，收获了很多年轻读者的喜爱，又不断加印了数次，通过众筹不仅得到了出版的有力保障，还借助网络平台提升了图书主题的文化传播。对于《手艺与禅心——寻找中国匠人之旅》这本书而言，众筹的意义已远超筹集出版资金的初衷，体现了助力图书传播、扩大社会效应、弘扬文化传承等多维度的价值

---

① 袁毅，陈亮：《中国众筹行业发展研究 2018》，上海交通大学出版社 2018 年，第 216 页。

效应。正如文汇出版社社长所言"好的众筹，绝非简单的营销，而是能够通过一本图书，把具有相同相近爱好、趣味、理念的人聚集起来，实现互动。"①

另一项由文汇出版社发起并获成功的出版众筹案例是图书《澄衷蒙学堂字课图说》，这套书是胡适、茅盾、竺可桢、叶圣陶、丰子恺等诸位先生的启蒙读本，胡适先生在上海造访澄衷学堂旧识时曾称该书是中国自有学校以来第一部教科书。《澄衷蒙学堂字课图说》初版于清光绪二十七年（1901年），全书五册四卷，共选 3291 个汉字，配有插图 762 幅，文图俱美，在我国教育史上具有历史性意义。文汇出版社期望通过出版众筹，引起更多年轻阅读群体的关注，从而了解我国优秀的教育智慧。出版社选

择"一条"平台作为该图书项目的众筹平台，"一条"的经营特色即以青年白领为主的生活美学电商平台，符合出版社将关注教育的年轻人作为众筹目标群体的定位。针对"一条"平台的美学特征，文汇版《澄衷蒙学堂字课图说》在形式感与图书装帧设计上集思广益，以手工宣纸印制，外覆瓷青纸，手工线装，蓝布函套，整体书籍的装帧设计与印制工艺就体现了一种"非遗"文化。原定众筹版定价为 698 元，项目上线后迅速成为爆款，30 万元众筹目标仅 2 天就完成，1000 套众筹书 5 天内被抢购一空，筹集资金 46 万元，共有 3000多名读者参与本次众筹，阅读"围观"人数近 5 万，众筹效果和速度远超预期。② 如图 2-24 如示。

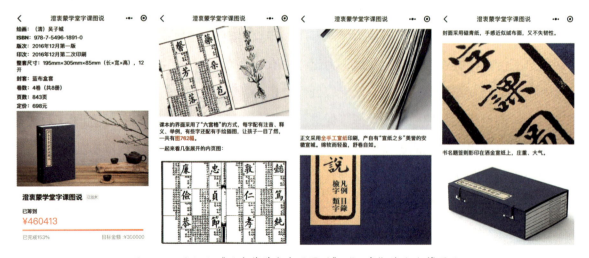

图 2-24　文汇版《澄衷蒙学堂字课图说》"一条"线上众筹页面

① 周伯军：《众筹出版的实践及其思考》，《编辑学刊》2021 年 05 期，第 64-69 页。
② 同上。

文化出版社的众筹策划团队认为并不是所有图书都适合众筹，选题独特、具有形式感、设计感，有故事、有内涵的图书才是众筹出版的合适选题。向读者讲述一个故事，把众筹图书的理念、特点、优点用易于接受的方式介绍给读者，是众筹能否成功的关键。对于出版商而言，能否帮助更多优秀图书赢得读者及社会的关注，较之筹募更多出版资金更值得重视。另一方面，出版众筹还体现了公众的"群体智慧"，符合市场决定出版的思维逻辑。项目在筹募过程中，出资人可通过评论分享、与发起人联系等多种方式，在一定程度上参与图书出版的编创与设计过程。最终筹资金额的高低与众筹完成的速度快慢，都能有效反映公众的偏好与选择，因此可更加直观和真实地反映出市场的需求。[1] 出版众筹具备特有的优势，一方面能提前筹集资金，解决前期出版投入问题，另一方面以销定产也有效地解决了库存问题。出版众筹的创新模式既体现了传统出版的编创实力，又充分利用互联网平台特性，融合传统媒介与新媒介的优势资源，使其成为传统出版行业转型发展的一种必要补充方式。事实证明，出版众筹模式还拥有向图书文创、出版物衍生开发的强大潜力。

文化创意产业是经济全球化背景下以创造力为核心的新兴产业，它为传统文化金融领域带来创新性突破，伴随着互联网经济的发展，不断开辟创新领域。作为当前出版业转型升级的新路径，出版文创产业的众筹营销模式俨然成为极富创意的全新融资方式，无论对传统出版业抑或文创产业都具有极大的促进作用。以上海人民出版社光启书局与浙江人民美术出版社分别在"摩点"众筹平台发起的图书文创项目为例，2021年下旬，两家出版社先后在"摩点"平台成功完成了《明暗之间：鲁迅传》与《喵喵艺术史》两项图书出版与文创衍生项目。《明暗之间：鲁迅传》项目通过众筹募集资金十万有余，达到原定目标五万元的228.18%，共有875人支持了此项出版文创众筹项目；《喵喵艺术史》项目筹募资金近六万五千元，达到众筹目标二万元的324.53%，共有456人支持此项众筹，如图2-25所示。

不同的众筹平台拥有不同的关注重点及目标受众群体，选择适合的众筹平台对于出版文创众筹项目的最终结果起到重要作用。"摩点"众筹平台在2021年CN10/CNPP[2]的数据统计以及根据市场和参数条件变化分析的专业测评结果中，排名年度

---

① 参见陈云：《众筹模式新解》，企业管理出版社2017年，第45-48页。
② CN10排排榜技术研究部门与CNPP品牌数据研究部门。

图 2-25　《明暗之间：鲁迅传》与《喵喵艺术史》的"摩点"众筹成功页面

十大众筹品牌榜第五名。"摩点"成立于2014年，创建最初的关注领域为游戏动漫，此后扩大到原创互动与消费、创意品牌孵化等多个领域，致力于打造一个文化创意众筹社区。至2021年"摩点"已聚集数千万高粘性、高消费、高复购的年轻用户，实现了年轻文化与平台内容的高度聚合。排行榜地位显示了众筹平台的社会影响力与传播力，而关注的领域范围则决定了众筹目标的群体特征，显然"摩点"众筹平台符合出版文创项目寻找年轻消费群体、提升宣传热度与众筹效率的最终期待。有了好的出版文创资源与合适的众筹平台，在此基础上，项目的选题策划、创意设计、预期产品效果表现等方面构成了决定项目成功的其他必要因素。

2021年是鲁迅先生诞辰140周年，因此与当前青年生活方式贴近的富创意内涵的鲁迅主题文创产品引起了各方广泛关注。比如北京鲁迅博物馆推出的鲁迅与"新青年"系列文创产品、"艺术鲁迅"系列文创产品、人民文学出版社的"人文之宝"夏日"鲁迅主题"系列文创、北京领读文化传媒有限公司推出的"鲁迅觉醒"套装项目、绍兴市一启文化创意有限公司"鲁迅故乡的礼物"系列文创产品，等等。这些主题文创的开发方基本由博物馆与美术馆、文化传媒公司，以及出版单位三者构成。从鲁迅作为文学家留下大量文学作品及文学话题的视角看，出版单位无疑具备了投入并开发鲁迅主题文创产品的资源条件。鲁迅的作品已公版，因此作品内容衍生的文创产品不涉及版权问题，真正的难点在于如何使经典作家及其作品的衍生创意转化为当代青年喜闻乐见的产品形式。年代感以及一些固有的思维认知或许会动摇出版商投入相关文创研发项目的决心，只有在主题文化元素的采集、转化、融合与表现方面投注更多心力与创意，才能在丰富原有出版形象的同时拓展更宏阔的文化市场领域。由上海人民出版社光启书局策划的《明暗之间：鲁迅传》出版众筹项目，包含了一系列紧扣主题的图书文创衍生产品，如藏书票、金属印章、裁纸刀、书袋、地图等，一经推出，成功引起了年轻消费群体的关注热情。《明暗之间：鲁迅传》是日本鲁迅研究专家、东京大学教授丸尾常喜先生的重要作品，他一生致力于鲁迅研究，在该领域被誉为"丸尾鲁迅"。对于这样一部偏于学术研究的著作，相关图书文创的研发应特别注意两个方面。首先，如何对学术类图书进行创意设计，以适应现代图书市场更具创造活力的方式包装、宣传图书。鲁迅自身的作品价值原本并不与商业或娱乐发生密切关联，而高校教授的专业研究更无意于营造"博眼球"的市场噱头，类似的出版选题怎样突破传统陈规，进而获得出版众筹创新形式的成功，是考验出版社编创团队的课题之一。其次，鲁迅本人具有相当个性化的艺术审美眼光，对于设计也曾多次亲自参与尝试，他以字体及图形设计为主的书籍装帧封面至今为人津津乐道，可谓引领书装设计一时之风尚。此外，鲁迅对于版画的热衷，对于各国艺术小品的收藏等趣味爱好，也都体现

出他的艺术修养与审美品位。针对鲁迅相关主题展开的文创产品设计，如何避免因年代久远而产生的老旧风格，在创新式样与现代审美范畴中重塑经典印象，是出版策划方必将面临的第二个问题。正如"摩点"众筹平台上光启书局项目组在众筹故事中坦诚的那样：对比"摩点"的大部分用户，出版社项目组是个"高龄"团队，可能无法完全理解年轻群体的所想所好，但愿意通过产品，以扎实的功课与真诚的心，与年轻支持者们建立起联系。

《明暗之间：鲁迅传》出版众筹项目的内容包含两个方面，其一是图书的特色限量版装帧与出版，其二是图书的文化创意产品衍生。好的图书文创往往建立于优质的图书装帧基础之上，因此光启书局首先在装帧设计方面寻求创意亮点。书的整体封面版式设计较为新颖，应用字体的大小对比关系及纵横向垂直的对应位置形成鲜明的视觉传播效果。书名"明暗之间"出自鲁迅《野草·题辞》中的文字："我以这一丛野草在明与暗，生与死，过去与未来之际，献于友与仇，人与兽，爱者与不爱者之前作证。"因而在书封面上即以有力笔触勾画出野草丛生的背景图案。装帧配色方案采用了橙与蓝的对比色彩，且色彩饱和度高，对比色组合带来的视觉冲击效果使图书能在众多书籍中脱颖而出，

给观者留下深刻的印象。整体书籍装帧风格强烈又不失简洁明快，符合鲁迅文学语言犀利、观点鲜明的特色。光启书局在策划该书出版众筹的前期准备过程中，与"摩点"平台的业务人员沟通，了解到平台用户大致感兴趣的书籍装帧式样信息，比如毛边书、刷边书等图书的不同版本更易获市场欢迎，不仅因为毛边书和刷边书能增加装帧的艺术性和设计感，不同版本还能满足不同消费预算与喜好群体的多种选择需求。为图书增设藏书票也是近年来较为流行的做法，考虑到一张小小的藏书票在成本上并不高，又能丰富装帧的层次，因此配套书籍的藏书票也被纳入方案计划之中。《明暗之间：鲁迅》的三个版本：毛边限量版、刷边限量版、光边普通版分别配套3款不同的版画藏书票，设计素材来源于由陶元庆先生原创的《彷徨》初版封面版画、鲁迅先生收藏的德国版画《苏珊娜入浴》，以及鲁迅先生钟爱的比利时版画家麦绥莱勒的版画作品《我的忏悔》。书籍的三个版本各有特色，毛边书是鲁迅先生向来钟爱的图书切口形式，书籍装订后不切边，为阅读过程赋予独特的趣味体验；刷边版利用印刷后道工艺，在图书切口处施以烫金装饰，翻阅书页时能闪耀迷人的灵动光芒；普通光边版图书质朴无华，性价比高，同样拥有一定的目标消费群体。通过出版

众筹实现三种不同装帧形式的预定，既不重叠装帧效果，又不浪费成本，一举双赢。此外，由于众筹出版销售的是图书概念，即需要把尚未出版发行、仅存在于构想之中的出版产品呈现出来，以此吸引大众兴趣，因而对创意的效果图表现也有更高的要求，如图 2-26 所示。

光启书局为《明暗之间：鲁迅传》特别版装帧加设了限量版的概念，限量 500 份以及环衬上标注编号与发行总数的方式使这项出版众筹项目具备了某种收藏品特质，无形中引发大众群体的关注热度，其他诸如"纪念版""初版""著作者钤印""独立编号"等也都出于同一种图书营销思维，即为购买者赋予一种独有的、个性化的消费体验。装帧设计方案确定之后就开始进入图书文创的衍生开发阶段，其中创意的核心在于突出书籍主题并灵活运用主题元素，以图书文化衍生产品创意，从而调动读者群体对于图书内容的所有联想。《明暗之间：鲁迅传》推出的图书文创产品有小白象毛边本裁纸刀，出自鲁迅先生在致许广平的信件中曾自称"小白象"，同时也画过多个小白象的纹样。"象"字为象形字，这款银色裁纸刀的实物外形就犹如"象"的汉字结构。裁纸刀作为图书文创产品，能够与众筹项目推出的毛边版图书相得益彰，实现产品创意为图书阅读服务的初衷，

图 2-26 光启书局《明暗之间：鲁迅传》的装帧平面图、效果图及其藏书票设计

这样的文创产品对于购买图书的读者而言具有较高的吸引力。第二件文创产品是白丁香金属藏书章，印面图案的灵感来源于鲁迅在北京寓所内手植的白丁香。藏书章是图书收藏者标记所属权、展现个人趣味的书房小玩物，并不太常见于今天的书业市场。光启书局通过出版众筹项目，将藏书章重新包装设计，以图书文创产品的形式推向大众市场，接受读者消费群体的评价和选择。众筹结果显示，年轻的读者群体仍然对藏书章抱有较大热情。出版众筹帮助出版商预先了解市场的喜好倾向，其功能相当于需求市场调研，但又比传统的调研方式更直观准确。《明暗之间：鲁迅传》的另两件文创产品分别是花边文学随身书袋与版画读书打卡地图。花边文学书袋的设计构想出自鲁迅先生的杂文集《花边文学》，书袋正面的字体复制了1936年版的《花边文学》书封字体。这款主题书袋的设计与工艺别具匠心，选用帆布包身与皮质包带搭配，边角挺括的包边工艺提升产品的品质感，包身整体容量不大，恰好容纳一本图书，在众筹推广页面上将其描述为"随身书袋既可携一本书，亦可盛一束花"。书袋内部结构设置了分层，更具实用性，磁扣内袋里可以装下一般尺寸的手机一部。这款书袋的整体设计达到了图书文化主题与实用审美功能兼顾的预期目标。至于版画读书打卡地图，取自鲁迅先生曾经生活过的九座城市，以及对应这些城市所发表

的作品。比如 1912 至 1926 年在北京期间撰写了《热风》《中国小说史略》《呐喊》，翻译了《苦闷的象征》与《出了象牙之塔》；1927 年广州期间撰写了《华盖集续编》《野草》和《坟》，翻译了《思想·山水·人物》，等等。这件文创产品以地图的形式展开鲁迅先生的创作生平，对于鲁迅文学热爱者来说是一种亲切温暖的纪念与收藏，如图 2-27 所示。

光启书局于 2021 年 8 月 5 日在"摩点"启动"鲁迅的生活文具盒：特装版《明暗之间：鲁迅传》+4 款生活小物"众筹项目，历时一个月整，9 月 5 日项目结束成功实现

众筹目标。对于众筹项目的分档回报设计也是项目能否顺利落实的关键因素之一，不同的回报档位既要拉开一定差别，又要让不同档位的支持者感觉投入值得。编辑策划团队一开始就需深入了解市场情况，把握读者消费群体的心理需求，做到不遗漏任何一个层面的目标群体。众筹产品的设计应体现回报的丰富性，多种产品选择以及产品搭配组合的分档设计，能够为出版文创众筹项目赢得最大概率的投入支持率。《明暗之间：鲁迅传》众筹项目的分档设计划分为 4 个层级，以四种不同套餐形式呈现。4 种套餐均可获赠限量藏书票和设计资

图 2-27　光启书局《明暗之间：鲁迅传》的图书文创产品：裁纸刀、藏书印、书袋、打卡地图

料册，不同处在于按支持者投入不同区别文创产品的内容种类。如套餐 A 为刷边编号限量版图书，主题文创产品包含金属藏书印、书袋、读书打卡地图、木制礼品盒等，全套定价 338 元（市场价 390 元），早鸟价 318 元；套餐 B 为毛边编号限量版图书，主题文创产品包含裁纸刀、金属藏书印、书袋、读书打卡地图、木制礼品盒等，全套定价 358 元（市场价 438 元），早鸟价 338 元；套餐 C 与套餐 D 都是标准版图书，配合相应的文创产品，价格分别为低于市价的 248 元与 98 元，如图 2-28 所示。出版众筹项目的分档设计对应于不同读者与文化消费群体的分众化现状，为参与众筹的支持者提供更多可选择的项目内容。不仅如此，由于传统业态与市场对于某种创新产品形态一般都持谨慎态度，贸然投入新领域可能导致出版项目方的成本增高或亏损情况，利用众筹平台将项目进行分档设计恰好解决了这一担忧。根据众筹结果的反馈数据，能够帮助出版策划者准确把握产品市场的需求信息，了解出版文创产业的后续发展方向，有效提高图书文创项目的成功概率。

创意经济赋予出版产业更多的经济价值，同时为出版业态升级、出版品牌塑造、媒介融合与转化提供可持续发展的支撑。出版众筹营销模式的出现实际上是个性化出版在现代文化市场的一种创新探索，众筹平台实现了行业发展与消费群体的连接，为出版商解决开发创意产品的融资问题，是突破传统业态发展瓶颈的有效路径。出版文创产业的联合拓展受到众筹创新模式的影响，呈现颠覆固有思维的新姿态。从原来的先生产后推广 B2C 模式（Business to Customer）转变为消费大众接受后再生产的 C2B 模式（Consumer to Business），出版文创的众筹营销可谓对传统文化金融领域的创新性革命。① 传统出版业之所以迫

图 2-28　光启书局《明暗之间：鲁迅传》众筹项目的分档设计

---

① 参见冉湖，杨其光，鲁威元：《互联网＋金融：互联网金融的革命》，北京工业大学出版社 2017 年，第 54、59 页。

切期待转型发展，核心原因在于面临数字出版和电商渠道的双重压迫，出现了"图书品种越来越多、定价越来越高、库存越来越大、理论越来越薄"的滞涨局面，①出版众筹模式的新思维改变了出版运营与筹资的旧有模式，促使大众读者化身制造与传播群体，将个体意识融入产业经济发展的整体意识，在互联网经济时代与产业互动，共同创造新价值。未来的出版文创产业可能发展出自身独立的众筹平台，建立自有的社群资源，借助网络信息分布与传播途径，提升出版文创项目策划方的网络可信度，以此吸纳更多的潜在支持者，为后期衍生项目的开发积累充足的资源条件。众筹平台虽不具备出版发行的能力，但能够为出版社提供出版资源与经济资助，相关主题项目在众筹平台上一旦通过市场考验即刻付诸实现，降低出版风险的同时也实现了精准营销的目标。因此，可以推论出版文创的众筹营销模式是"基于互联网时代人类社会契约精神的再现"，②为出版文创产业与版权经济发展的可信生态环境构建起新一种价值规范。

总体而言，通过出版物的主题内容进行创意衍生、出版品牌与其他品牌联名开发产品、独立出版品牌塑造文化 IP，以及探索出版众筹创新营销模式，这四种当前最具代表性的出版文化创意营销路径，体现了传统出版业与大文化产业融合发展的现状及趋势。未来出版业态的发展将不再固守一方、独善其身，而是倚靠不同领域的跨界合作去碰撞与融合，激发出版文化活跃的生命力。在拓展出版文创领域的过程中，如何联合新老出版力量的共同智慧、是否设置出版文创研发的专职岗位、怎样监督和控制外包产品的生产质量等一系列问题，仍有待进一步的思考与实践，一切改变都已在路上。

---

① 袁毅，陈亮：《中国众筹行业发展研究 2018》，上海交通大学出版社 2018 年，第 216 页。

② 陈云：《众筹模式新解》，企业管理出版社 2017 年，第 48 页。

第三章
知识产权共享趋势及创新案例

近代出版业发展兼顾图书出版发行与文化产品销售两大领域，一百多年前的商务印书馆、中华书局等出版机构同时拥有自制品牌的纸质产品、文具仪器、教育及益智类玩具等业务内容，书业市场作为包含多种文化产品的综合性商品市场，引领出版文化产业经济发展欣欣向荣。建国后，图书发行与文化产品销售分开经营，书店基本仅出售图书，而文具、教育益智类产品等在文化用品商店销售。至20世纪80年代，随着图书发行体制改革的推进，国有书店运用多种所有制、"三产"等多种经营方式，提高书店市场竞争力，图书以外的文化产品再次成为书店的经营内容，书店通过向文化用品商店采购或租借柜台供文化用品公司承包两种主要途径，扩充书店的经营业务范围。20世纪90年代，基于加强推广国家文化和艺术，并以此促成一项具有创意性质的产业，"创意经济"概念与创意产业发展的理念最早产生于英国。此后"创意经济"迅速成为全球经济发展的新形态。进入21世纪，文创产业的高知识性、高附加值、高融合性特征，

使其发展为融合经济、文化、技术的新兴产业，文创产品被定义为符合"文化主题＋创意转化＋市场价值"的物质化产品，在广义上满足人们对物质实体与非物质形态的创新需求。近年来，随着新型复合型实体书店融合多业态发展的趋势，文创产品营销已成为书店融合发展的最主要业务之一。然而多数情况下，书店文化IP、图书版权、商标专用权、产品专利，这些知识产权体系中实现商业价值与法律保障的主要对象，在书业市场各自存在和发展。可以认为，当前我国出版文创产业仍处于初期阶段，尚未建立起联合多种知识产权保护与使用权共享的价值体系。

另一方面，数字文化产业正快速成为我国文化产业发展新的增长点，出版文创产业同样面临着数字化转型。在可预见的未来，依托于传统纸质媒介出版物的数字文创产品将成为出版文创产业最新的前沿焦点。从传统文创的物质实体到以新媒介为技术手段的数字虚拟产品，出版文创产业从内容与媒介融合向产业生态融合迈进。

新经济、新模式的不断涌现促使传统行业焕发新的活力,出版业的转型发展将以新媒介技术引领、产业融合化发展、版权生态化运营为动向。在此过程中,构建出版文创产业的知识产权应用创新示范,对推进产业整体完善与良性发展起到重要作用。

"世界创意经济之父"约翰·霍金斯曾在其著作中界定创意产业与知识产权的关系,并由此判断创意经济将成为 21 世纪的主宰经济形式。2021 年联合国将这一年设立为"国际创意经济促进可持续发展年",创意经济的挑战与机遇已经到来。

第一节 出版、发行、销售联合促进图书文创

现代知识产权三大领域可分为著作权,即保护法律意义上"文学和艺术作品"的表现形式;专利权,即保护新的、非显而易见的、有用的或者可以应用到产业中的思想或想法;商标权,指保护公司产品区别于其他产品的符号或标志。①在图书出版已有基础上建立文创品牌,通过著作权、外观设计专利权、商标权等知识产权共享形式,策划、设计图书文创产品。联合图书编创、出版发行、书店销售等多方力量,拓展图书文创新思维,促使整体产业发展日趋成熟,以科学有效的途径持续创新,激活产业潜能与创意活力。

（一）出版社收购图书周边文创品牌

2017 年世界最大销售额出版社之一的企鹅兰登书屋成功收购了图书周边文创品牌"绝版",一度成为国内外出版业界关注的热点话题。2010 年成立于美国纽约布鲁克林的"绝版"文化商品公司,两位创始人托德·劳顿(Todd Lawto)和杰夫·勒布郎(Jeff LeBlan)此前分别在耐克公司品牌部与麦肯锡咨询公司工作,拥有品牌营销与金融管理的经验积累,出于对书籍的热爱,创办了以图书文创为主营业务的文化公司。之后两位创始人发现想要选择的、喜爱的主题图书多数都已经绝版,因而将公司品牌命名为"绝版"(OUT OF PRINT)。②"绝版"公司最初与出版社合作,将名著经典出版物的书籍封面烫印在 T 恤上,由此获得读者青睐。被企鹅兰登收购后,"绝版"公司获得更大的发展空间,不仅从出版社与版权所有人处获得版权的"商品许可",还与设计师签订协议,共

---

① （英）大卫·赫斯蒙德夫:《文化产业》,张菲娜译,中国人民大学出版社 2016 年,第 121 页。
② 参见练小川:《企鹅兰登收购文化商品公司》,《国际出版周报》2017 年 6 月 19 日,第 003 版。

同享有图书周边文创产品的外观设计专利。实际上不少出版社在"绝版"图书文创品牌开设之前也已尝试生产销售自家出版品牌的文化商品，然而这些出版社只具备自己品牌和版权的使用权，无法获得其他出版社和版权所有人的商品生产销售授权许可。兰登书屋自2013年与企鹅出版社合并后，成为旗下拥有两百余家子品牌和出版社的全球最大图书出版集团，"绝版"被企鹅兰登书屋收购后，无疑大大拓展了图书版权的合作渠道，从而丰富了图书文创的创意来源与产品种类。企鹅兰登书屋发言人斯图尔特·阿普尔巴姆曾经表示：很多歌星、球星都有自己品牌的服饰及收藏品，以此与歌迷、球迷保持密切联系，而"绝版"则利用图书与作者实现同样目的，使出版社与读者建立更好的互动关系，提高出版社与图书的知名度和传播力。[1]"绝版"与许多出版社、作者、设计师签订授权协议，从文学作品和插图版权所有人处获得商品许可，用于设计、生产、销售以图书封面和文学主题为元素的图书文创产品。产品涉及服装、箱包、家居日用品、配饰、文具等各个方面，数百种图书文创品牌产品在美国及其他国家的千余家实体书店、礼品店销售。与此同时，还开设了"绝版"官方购物网络平台，利用互联网经济，线上、线下联合打造图书品牌，推广出版文创理念，最终提升整体出版文化品位，如图3-1所示。

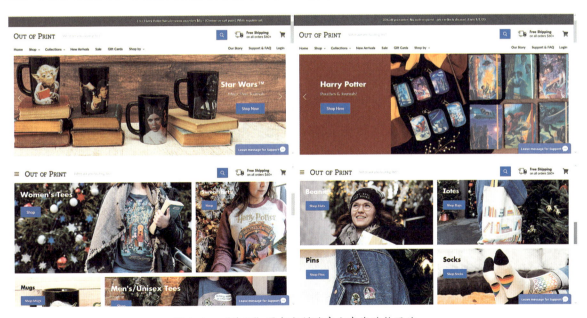

图3-1　"绝版"图书文创的官方在线购物网站

---

[1] 参见练小川：《企鹅兰登收购文化商品公司》，《国际出版周报》2017年6月19日，第003版。

进入融合出版时代后，图书文化品牌及其周边产品的开发实际上不能完全归属于传统出版设计范畴，它的出现体现了另一种更具创造性的出版设计理念，将出版物设计融入更广阔的文化想象与市场空间。当电子书的快捷便利使传统图书装帧与封面艺术日渐式微的时候，"绝版"品牌新颖的创意设计思维赋予出版物再一次被"看到"的可能，传统而经典的纸版图书作品以转换媒介的表现方式展现在读者面前，引导大众对经典出版物重燃热情。"跨界"融合创新、图书商品"再媒介化"等途径使出版社与文化公司重现活力。对于出版社而言，将图书版权授予经营主题文创的衍生开发商，能强化出版品牌的公众印象，而对于文化商品公司来说，依托于已获得一定数量支持群体的出版物进行产品创意，实现预期成功率的可能性相对较高，投入有了一定的市场保障。此外，对于出版选题策划者与设计师而言，现代出版文创的创造性拓展还赋予了传统出版业实践探索的空间与机遇，在充足的预算条件和相对自由的创意环境中，无论出版人抑或设计师，都拥有更多的机会去尝试新奇而独特的设计风格。企鹅兰登书屋与"绝版"合作的图书文创品牌以传统出版设计概念中的封面装帧为核心设计灵感，围绕书封这一主题开发各种经典图书的衍生商品。将

"好书值得穿"（Books, worn well.）作为其图书文创产品的广告宣传语，那些经典文学的、名家设计的、曾经畅销的出版物，在创意转化为各类日常生活潮流用品后，再次焕发历久弥新的文化魅力。

以"绝版"围绕《了不起的盖茨比》图书主题进行的系列文创开发为例。《了不起的盖茨比》（*The Great Gatsby*）由美国作家F.S.菲茨杰拉德创作并于1925年出版，中文译名亦称《大亨小传》。这部中篇小说将故事背景设定在20世纪20年代的美国，第一次世界大战已结束而经济大萧条尚未爆发的十年，被人们称为美国历史上的"爵士时代"（Jazz Age）或"喧嚣的20年代"（Roaring Twenties）。《了不起的盖茨比》为菲茨杰拉德奠定了美国现代文学史上的地位，也使其成为"爵士时代"与"迷惘的一代"（The Lost Generation）的代表性作家。1925年第一版《了不起的盖茨比》由纽约查尔斯·斯克里布纳之子出版社（Charles Scribner's Sons）出版，该书封面由弗朗西斯·库加特（Francis Cugat）设计。封面上渺无边际的深蓝色天空中一张悬浮的脸和一双凝视的眼睛，被菲茨杰拉德的读者称为现代文学史上最具标志性的图像之一。对于这幅封面图案的寓意，一种解读即盖茨比心中理想爱人黛西的脸庞，她正俯瞰着夜色中繁华的纽约都会；

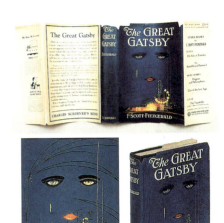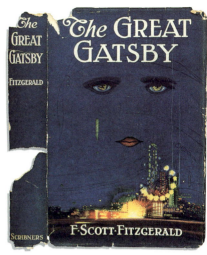

图 3-2　查尔斯·斯克里布纳之子出版社 1925 年版《了不起的盖茨比》书籍封面

另一种据说是由于菲茨杰拉德在看到库加特绘制的图案后就非常喜欢，因此将其预先描写进小说内容，即书中反复出现的广告牌上 T.J. 埃克尔堡大夫的那双蓝色巨大的眼睛，如图 3-2 所示。

《了不起的盖茨比》此后多次再版，拥有许多不同版本精彩的书籍装帧，但 1925 年设计的第一版封面是最为闻名的，传播范围也最广。那对远空中遥望的双眼在大众读者心中已成为小说经典永恒的视觉象征，代表着一代人的文学记忆。因此，当"绝版"以《了不起的盖茨比》为选题创制图书衍生产品时，弗朗西斯·库加特 1925 年创作的封面就成为最直接的设计灵感来源。"绝版"的创意思路是凭借读者记忆中的经典文学形象，使图书文创产品以最快速度触及大众内心，产生情感共鸣，从而对创意产品发生兴趣。

"绝版"《了不起的盖茨比》主题系列图书文创产品涉及服饰类、日用品类、首饰类等多个领域。首先，服饰类的代表产品划分相当细致，这也是"绝版"图书文创用心经营的表现之一。《了不起的盖茨比》主题棉质 T 恤文化衫，款式包括男女同款直身版、女式宽松版、女式大码版和女式修身版四种，适合不同体型的需求。从装帧封面图案转化为服饰主体图案后，原图中的蓝色天空扩展延伸为整体面料底色，对原著版本图案高度还原，服装上的图案处理为仿旧效果，采用柔化印花。另有男女同款休闲运动衫，使用超柔软棉混纺面料，令贴身穿着更舒适。同主题系列男女同款棉袜按不同鞋码细致区分为大码和小码，如图 3-3 所示。"绝版"推出的系列服饰

图3-3 "绝版"推出《了不起的盖茨比》主题系列服饰类产品

类产品每一项都紧扣图书主题，在广告宣传时尤其注意与图书内容的呼应。比如在产品的购买展示页面上，每项产品信息的主要位置都会专门引用或撰写一句有关书籍信息的推广语。T恤文化衫的产品页面上写有："在完成《了不起的盖茨比》之前，菲茨杰拉德看到了这幅封面艺术作品，非常喜欢它，他告诉出版商他已经'把它写进了故事里'。你知道在哪里吗？图案来自弗朗西斯·库加特1925年的第一版书封。"在休闲运动衫的产品页面上特别撰写了广告语："带上一件运动衫，在去纽约长岛'西卵区'（West Egg）的路上保持温暖。图案来自菲茨杰拉德经典小说的标志性第一

版书封。"棉袜的产品介绍页上则引用了《了不起的盖茨比》书尾处那句最著名的结尾："于是我们继续往前挣扎，像逆流中的扁舟，被浪头不断地向后推。"[1]

日用品类是文创衍生产品开发的另一个大类，"绝版"《了不起的盖茨比》主题系列产品推出了许多独具创意的衍生日用产品。如主题不锈钢保温瓶，在全蓝色的瓶身上印有1925年版的书封图案，同时产品页面展示图上附有"明亮的灯光和忧郁的目光投射在午夜曼哈顿的天际线上，这个瓶子模仿了这本开创性小说异想天开的书封。"另外如平底附内袋的大帆布手提袋以及帆布拉链小手袋也都印有标志性

---

[1] 乔志高译文版《大亨小传》，上海三联书店2013年。原文为：So we beat on, boats against the current, borne back ceaselessly into the past.

的1925年版封面图。值得一提的是，"绝版"还以图书内容情节为线索，创意开发富有个性的特色产品。在《了不起的盖茨比》中，故事的展开跨越纽约长岛的东西两岸，在书中被称为"东卵区"和"西卵区"。"东卵区"是世袭富人区，经由几代人积累的富裕生活使这一区域的富人具有贵族的姿态，而"西卵区"则是靠自己或靠时运发家致富的新富裕区，这里的富人可谓财富积累的第一代，他们更具活力，同时因为一夜致富也更追求浮夸奢侈的纸醉金迷。书中盖茨比的梦中爱人黛西与其丈夫就住在"东卵区"，而盖茨比则在"西卵区"，站在高处透过一场场豪华无边的盛宴望向绿光闪烁的"东卵区"码头，因为那盏绿灯所在的方向，有他心目中的信仰——身处上流社会的女神黛西。"东卵区"的贵族阶层一方面看不起"西卵区"的新兴阶层，另一方面也对西部的迅猛发展持好奇与观望态度。两者之间的阶级差异与价值观是分裂的、不可调和的。"绝版"推出的主题首饰以此为出发点，创意设计了一款挂坠项链，挂坠的部分被设计为分裂的卵形，两半部分的正面分别刻有东、西字样，代表"东卵区"与"西卵区"，背面则以"黛西"的名字替代象征盖茨比所在"西卵区"的"西"字。这款主题项链由两条独立项链组成，挂坠在轮廓的外形上可以左右拼合为一个完整卵形，但实际上两者并不关联，暗含了书中"东卵区"和"西卵区"之间的相互关系，如图3-4所示。该主题项链有镀金和镀银两款，在"绝版"的产品页面上写着"用我们的文学项

图3-4　"绝版"《了不起的盖茨比》主题文创产品：保温瓶、项链、帆布包2种、羊毛三角旗

链将您最喜欢的故事或短语戴在脖子上"。除此以外，还有羊毛混纺面料制成的"西卵区"三角旗，推广部分写有"用我们的'西卵'羊毛三角旗展示你的文学精神！"整套"绝版"主题系列产品无不提醒着观众从产品回归至图书本身。

由于"绝版"文创产品的设计始终以图书为核心，因此在创作《了不起的盖茨比》主题产品过程中，尽管大量应用了1925年版弗朗西斯·库加特的书封设计图案，却也没有错过其他精彩的相关设计作品，向读者大众展现了更为丰富的图书文化视觉形象。比如将艾尔·刘易斯（Aled Lewis）

为《了不起的盖茨比》创作的双色丝网印刷品作为主题棉袜的图案来源，这件丝网印刷作品曾获得全球书迷的高度评价，被多次翻印、广泛流传。在明黄色的背景上，以黑白两色构成一个身着正装坐着的盖茨比形象，他的姿态轻松却又似乎怀有心事。手中握着的鸡尾酒杯恰是盖茨比名字的尾字母"Y"，巧妙地将书名的字体文字参与到图案的创意中，令人印象深刻。据艾尔·刘易斯本人表示，这件作品从未应用于书籍装帧设计，仅在"绝版"文创产品及另一品牌的限量版手拿包中出现过，[①] 如图3-5所示。

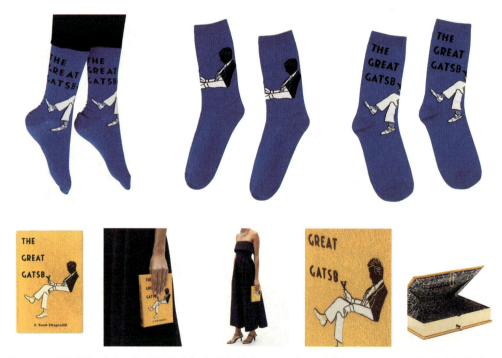

图 3-5 "绝版"《了不起的盖茨比》主题文创产品：艾尔·刘易斯（Aled Lewis）设计款棉袜

---

① 参见艾尔·刘易斯（Aled Lewis）个人官方网站：https://aledlewis.com/gatsby.

自 2010 年以来，"绝版"文创品牌通过将文学经典转化为具有图书文化内涵的服饰与日用品来传播阅读的乐趣。从全球零售商到各地的独立书店，"绝版"产品在全球 1000 多家商店销售。这些文创产品以图书和阅读为设计主题，以具标志性的书籍封面插图及文学文本为参考标准，推出的图书主题系列产品让读者有机会穿上、用上自己喜欢的作品与故事，分享对书籍和阅读的热爱。"绝版"线上销售平台由品牌方建立用户社区，来自各行各业的书迷通过穿戴和使用"绝版"主题文创产品互相展示、交流，以喜爱的文学作品结交新的朋友。在"绝版"社区栏的醒目位置写着：无论是简·奥斯汀的铁杆书迷，还是彻头彻尾的科幻迷，或是仍在等待霍格沃茨的来信，我们都知道你会在"绝版"中找到一些值得爱的东西。不仅如此，"绝版"品牌还关注全球知识教育的普及问题，已向社区捐赠 500 多万本图书，支持各种扫盲活动，同时也支持帮助作者、出版商和艺术家。

目前，通过出版商自主收购图书周边文创品牌的案例并不常见，但作为探讨出版业态融合背景下知识产权共享与制度模式创新的研究对象，这种方式有其值得参考的价值。由出版社授权可以确保文创品牌获得合法的产品开发使用权，文创公司有机会接触到更多的出版物资源，尤其如企鹅兰登书屋这样拥有大量出版机构的老牌出版商，可提供选择的出版物来源相当充沛，无形中为图书的文创衍生创造了优良条件。此外，在出版发行与创意营销的各环节中，出版社还可承担联系著作人与文创团队的中间协调者，使著作人在提升作品文化价值与社会传播效应的过程中，安心于作品的再次创造转化，信任出版社与创意团队对其作品著作权的合理保护与应用。最后，对于期待兼顾出版文化与市场价值的出版商而言，实现出版文创理念的创新需要实际项目的不断尝试，在当前多数出版单位尚缺乏文创开发专职人员的现实条件下，仅依靠编辑团队自发的额外工作量将难以确保文创项目的可持续性与设计专业性。出版品牌的 IP 授权、著作权的保护与使用、设计专利权的申请与社会转化，以及创意销售路径的开拓，这些构成出版文创产业知识产权共享体系的必要方面，应由多元化的专业团队整合力量，共同探索融合出版的转型发展新方向。

（二）实体书店推动出版文创产业发展

随着大众文化消费需求的上升，出版业态多元共存的现状对出版文创设计理念的要求也进一步提高。从传统出版业普通出版物的装帧设计到新兴出版文化在商业美学上的创新，出版设计理念正以独特的方式塑造全新的出版业态文化。

19世纪英国书籍装帧精美出版运动代表人物道格拉斯·柯克瑞尔曾言"书籍装帧不是一门孤立的手艺"，当时最具代表性的桑-萨书籍装帧公司也曾呼吁"图书馆空间的书应该有更多的装饰和更明亮的色彩"，认为"没有什么比成排的紫色、深栗色和深绿色的书更让人感到单调和沉闷的"。① 在精美出版运动的发展后期，图书装帧的手工艺精神确实引领当时的装帧公司将视野逐渐转向室内空间设计，为了匹配书籍的精美装帧而拥有一间风格雅致的私人书房成为当时的社会风尚。德国社会学家、哲学家齐美尔曾论述空间使相互作用成为可能，而由人类心灵及其互动所构建的空间则拓展了社会学的空间想象力。② 在传统出版时代，书店是出版物与读者相互维系最密切的场所，然而数字出版时代大量网络购书平台的出现，对实体书店造成了极大冲击，实体书店面临或淘汰或转型的危机与挑战。平心而论，网络购书平台方便快捷、价格优惠，吸引读者的同时也提升了图书销售量，但网上书店无法在空间体验上满足大众对社会文化环境的公

共需求也显而易见。在出版业态转型升级、出版文创产业发展的初期阶段，打造适应融合业态发展需求的出版文化空间——新型实体书店，成为文化产业领域近年来多方关注的热点动态。

基于现代出版文化理念对新型实体书店空间功能的发现与应用，一系列关于实体书店"文化+"场景重构的空间设计方案相继出现。实体书店在提供图书零售服务以外，通过书店空间的创意设计与功能开发，利用空间媒介提升出版文化消费品质。"书店+文创""书店+展览""书店+教育""书店+咖啡餐饮"等多元创意发展模式正成为崭新的经营思维与商业模式。新型实体书店的发展融合了传统出版、数字出版、出版文创、文化展示等复合特质，由新兴出版业态引领的实体书店创新风潮应运而生。整体而言，书店出版文化空间逐渐向场景化、融合化功能转变是现代出版发行与销售的重要趋势。探讨现代书店的创意经营对大众文化生活的意义，从理论视角可与特兰西克的"城市空间设计理论"、扬·阿斯曼的"文化记忆"、联合国教科文组织提出的"文化空间"概念相关联；从实际层面角度，它的转变与迅速发展将

① （英）罗勃·谢波德：《艺术中的灰姑娘：西方书籍装帧》，李凌云译，海豚出版社2017年，第72页。
② （德）齐美尔：《社会是如何可能的：齐美尔社会学文选》，林荣远编译，"空间社会学（1903年）"，广西师范大学出版社2002年，第290-316页。

出版文化与社会服务相维系，同时也为文化产业其他潜在的市场提供新的途径。

人类社会活动赋予实体空间以社会内涵，新型书店的文化空间同样承载着传递文化信息的功能。书店充分利用空间媒介功能的开放性与流动性，将图书与文化信息以多维度立体方式呈现，通过创意设计与读者建立良好互动关系。目前，全球图书销售与文化创意产业融合发展最具代表性的常见模式可概括为以下两种。

第一种常见模式即在历史文化保护建筑中创建新型实体书店。比如阿根廷布宜诺斯艾利斯著名的雅典人大书店（El Ateneo Grand Splendid），坐落于1903年建成的大剧院内。书店内部呈现豪华绚丽的剧场式建筑构造与风格，浮雕玲珑、金碧辉煌。书店在拆除剧院座椅的空间中置满书籍，并将原来铺着木地板、缀有大红帷幕的舞台改建为咖啡座，供购书者交流小憩。又如葡萄牙波尔图的莱罗书店（Livraria Lello），位于被联合国教科文组织认定为世界遗产的古都波尔图旧城区内。该书店创立于1906年，书店建筑采用新古典主义样式，店内墙壁及楼梯处雕满了新艺术主义风格的花草植物纹样。该书店中销量最好的图书是葡萄牙本地的新老作家文艺作品。再如2016年建于上海乌达克风格代表性建筑武康大楼内的大隐书局、2019年上海历史建筑圣尼古拉斯教堂旧址内开设的思南书局·诗歌店（如图3-6所示）、2019年北京原基督教中华圣公会教堂改建的模范书局·诗空间、2015年建造在成都大慈寺地下的"地下藏经阁"方所书店、2016年开设在厦门鼓浪屿百年建筑"海天堂构"中的虫洞书店，等等，不胜枚举。这些出现在历史文化保护建筑中的新型书店，本身就是吸引游人前来的地标式旅游景观或市民享受休闲生活的"打卡点"，其间正在销售的书籍及其他文创产品，某种程度上充当起体现地域特色和文化内涵的旅游纪念品。书店建筑环境特有的历史人文价值为店内的文创产品带来更高的关注度。

第二种常见模式是在城市人文建筑中创建特色书店文创空间。最典型的代表即城市博物馆、美术馆、图书馆的专属书店。如位于罗马市中心最大型的文化中心，著名的罗马展览馆（Palazzo delle Esposizioni）内设的阿里昂展览书店（Libreria Arion Esposizioni），内在空间设计简约时尚，与展览馆宫殿式的古典外观形成鲜明对照。通常美术馆、博物馆专属书店较之于普通书店，最大的出版物销售特色即出售馆内展览主题作品画册和书籍刊物，以此体现书店经营与场馆特色的紧密关联性。在文创产品方面，美术馆、博物馆、图书馆类型的实体书店具有得天独厚的资源优

图 3-6　上海圣尼古拉斯教堂旧址内的思南书局·诗歌店①

势，许多馆藏文化艺术资源成为转化文创产品的创意素材，独特的主题图书结合特色文创，为书店赢得相当广泛的受众群体，其中一些还会发展成为馆内品牌文创的固定消费群体。此外，具有城市地标性质的现代建筑物也是广受欢迎的新型书店开设点。如 2019 年在上海中心大厦 52 层开设的朵云书院，这家位于 239 米高处的书店被誉为上海"魔都"海拔最高的"云端书店"，也是目前全世界绝对高度最高的商业运营书店。朵云书院被打造为一个小型空中文化综合体，由七个功能区组成，涵盖了书店、演讲、展览、咖啡、甜品和简餐等不同服务功能，总面积占 2200 平米，共有 60000 册书籍和 2000 余种文创用品，目前已成为城市重要的文化地标之一。在城市人文空

间中工业遗产建筑也正逐渐转化为都市创意文化新空间。工业遗产包括具有历史、文化、建筑、艺术等价值的工业文化遗迹，这类与工业相关的社会活动场所拥有一定的开发潜力，它们作为现代城市发展的历史文化记忆空间，与新型书店空间相融合能产生奇妙的化学反应，吸引人们驻足停留。如葡萄牙里斯本将 19 世纪的废旧工业区改造为慢读书店（Ler Devagar），追溯建筑历史，该工业区昔日曾是一座印刷工厂。1973 年正是在这栋厂房里诞生了葡萄牙快报 *Expresso* 的创刊号。慢读书店精选 50000 册基础读物，书店内时常会举办一些电影放映会、演讲会、音乐会等文化活动，营业时间至子夜，周末则持续至凌晨。2008 年慢读书店再度开发后，与周边的餐饮、服饰、

---

① 图片版权：CreatAR Images.（清筑影像）。

画廊等构成城市新兴的创意文化区域，促使书店的文化能量得以进一步提升。再如英国1968年将北英格兰废弃旧火车站改造为巴特尔书店（Barter Books）、原上海汽车制动器厂闲置的老厂房——8号桥创意园区内开设的潮流书店"ZiWU 誌屋"、国内首个由工矿遗址修复改造的书店项目——南京园博园先锋筒仓书店，诸如此类，越来越多的城市工业遗迹转化为各地的书店空间，极具个性特色地彰显着自身独特的时代印迹与文化新使命。

文化创意产业一直被视为促进经济发展的产业新生力量，事实上它无法在真空环境中独自生成和发展，而是立足相关传统产业基础，融入创意概念、创新技术、文化理念、知识产权保护与应用等内涵，一些研究认为创意产业是突破传统产业分类办法的新型产业，体现了社会分工的新发展。[①]由于文化创意产业具有跨行业的融合特征，因此在一定空间内也具备带动周边多种产业发展的潜质。当前新型实体书店"内在"以图书出版销售为主，与书店其他文化产品及文化服务互为促进，"外在"则与周边公共空间共存共荣，产业的融合性强化了社会影响力与渗透力。比如，2021年8月，坐落于上海优秀历史建筑武康大楼内的大隐书局推出了一款造型逼真的"武康大楼雪糕"，成为市民与游人趋之若鹜的暑期热销产品，至10月销售已超过4万元。这款创新雪糕高度还原了武康大楼最经典的"锐角"一侧，举起雪糕在武康大楼建筑的同一角度拍摄留念，成为最吸引人们购买的创意亮点。定价25元一支的"武康大楼雪糕"首推海盐芝士口味，之后又推出全新的山楂口味，使雪糕颜色与武康大楼外墙的砖红色更为相近。此外，雪糕的外包装盒设计在两面都印有武康大楼图案，同时附有"建筑可阅读"标志与上海徐汇区"徐汇文旅"的小程序码，赋予了创意产品"扫码"传播文化的数字新形式。武康大楼作为海派文化和上海城市文脉的重要代表，是上海最早的外廊式公寓。大隐书局处于武康大楼空间之内，书店的文化销售与地标式公共景点产生创意火花，可以说"武康大楼雪糕"是武康大楼文化IP的创新衍生品，而书店运用这一地理环境优势，恰如其分地将其历史文化价值转化为书店开发文创产品的资源，如图3-7所示。

当然，商业消费市场的成功还不能完全代表出版文创产业的成功，出版业生存与发展的"本体"产品是图书，因此，传统书业市场与文创产业融合创新的另一个核心标准，即出版文创衍生产品是否与图书及其他出版物构成本质关联。近五年来，全国各地陆续发布扶持实体书店的实施细则，提出"创新发展实体书店经营模式"

图 3-7　上海武康大楼内大隐书局出售的武康大楼雪糕

的多元样态，将新型实体书店的建设目标定位于创建"一个综合性文化体验消费中心"，突出文化创意和品牌效应，而所有涉及这些方面的整体策划经营与各单元设计都始终"围绕着出版文化的内在精神"。① 可见，通过新型实体书店的多元营销形式促进出版文创产业发展，其核心依旧是突显出版文化主题，以此塑造书店品牌特色，获得持续创新发展的产业动力。

2013 年创办营业的钟书阁曾获评"最美书店"称号，同时也被视作中国实体书店转型的一个标杆，目前钟书阁已在全国多地开设书店，并以"每一家钟书阁都是城市的文化地标"为宣传文案。在天猫线上购物平台上，钟书阁图书旗舰店以"阁

物研究社"之名推出了文创周边产品 30 余项，其中围绕书店与图书主题的藏书票、书签、明信片、台历等文创产品都具有鲜明的设计特色。比如一套水彩手绘藏书票，以 10 幅不同城市钟书阁的室内外建筑空间图稿为设计元素，绘画风格灵动富书卷气。每一页正面特别注明钟书阁所在不同城市的店铺信息，并以文艺的语言描述书店的文化氛围，如上海泰晤士店藏书票上写有"一千个人心中有一千个理想书店的模样"；成都店藏书票突出店内波浪形阶梯的空间结构，配以文字"在'梯田'听上一场启迪心灵的讲座，唤醒人们对自然的礼敬"；北京老佛爷店附上"沿着知识的阶梯拾级而上，是与不同故事邂逅的异世界"等，

---

① 参见 2017 年发布的《关于上海扶持实体书店发展的实施意见》、2019 年《北京阅读空间漫游指南（2019—2020）》。

充分展现了各地钟书阁风格相近又别具特色的空间视觉效果。藏书票可标记图书的所属权，同时也是书籍的美化装饰物，撕去背面的不干胶贴纸后，可贴于购买书籍的首页或扉页之上，而正面的留白区域则用于书写心情、记录格言，供读者纪念收藏。钟书阁以藏书票为文创主题，拉近了产品与书籍间的距离，同时也突出书店营销的主体内容，如图 3-8 所示。

另一项令人印象深刻的图书文创产品是卢浮宫艺术盒子，即《卢浮宫艺术课》五合一文创套装。该礼盒内含 1 本艺术书

籍、1 本笔记本、1 只帆布袋，以及 2 卷主题纸胶带，整体视觉形象设计以法国新古典主义画家安格尔创作于 1814 年的《大宫女》及卢浮宫建筑群为创意来源，蓝红两色构成风格强烈的主色调。这套艺术礼盒主推的图书是《卢浮宫艺术课》，向读者讲述卢浮宫内的 20 件艺术珍品，因此与其相配合的文创产品均以卢浮宫、艺术品为关键词。大宫女文艺布袋以棉布印刷形式呈现安格尔的绘画艺术风貌，同时印有这件经典艺术作品的相关创作信息。卢浮宫纸胶带设计为两款，其中一款图案来自古老神

图 3-8 钟书阁水彩手绘店铺藏书票套装

秘的古埃及珍宝"丹德拉星座板",在纸胶带上描绘了古埃及人对于十二星座的想象;另一款的图案设计来自卢浮宫内收藏的知名画作,这两款创意纸胶带受到了手账爱好者的欢迎。钟书阁的这套文创产品以礼盒形式将图书内容与衍生设计紧密维系,外观精美的翻盖式礼盒显得高端大气,同时兼具收纳盒的功能,整套产品对于想了解世界著名艺术殿堂卢浮宫艺术的顾客而言,展现出收藏馈赠的产品价值,如图3-9所示。

钟书阁围绕书籍推出衍生文创产品突出了书店的本体经营特色,也创造了一种源自图书出版的新文化。2021年11月,由上海市书刊发行行业协会主办的上海·首届书店自有文创节拉开帷幕,同时发布了《上海图书销售行业文创市场现状及发展前景研究调研报告》。由上海图书销售行业促进发展的文创产业服务仅仅是全国广阔文创产业的一个区域样本,但因其直达消费者,使该区域样本活跃、市场敏感度高,因而具有一定典型性。比如上海市书刊发行行业协会近年来重点关注图书销售行业文创产品的研发、生产和销售,引导以图书销售为本,通过文创产品的展陈与创意营销促进出版物销售,形成引流、增值、服务等图书销售行业与文创产业融合发展的新态势。作为书刊发行行业协会所起到的引领作用,在于将书店文创内容从无到有,从自发到自觉,不断发挥出版发行及销售各渠道对整体出版文创产业的积极作用。目前,上海地区图书销售行业经营的文创产品大致可分为四个层面:一是销售引进其他品牌的文创产品,即成为文创产品的经销商;

图3-9 钟书阁文创产品:卢浮宫艺术盒子

二是以引进品牌文创产品经营为主，自主设计生产文创产品为辅，这种经营模式的企业占据大多数；三是全部或大部分自主设计生产经营；四是建立文创产品孵化平台。参与调研的 34 家受访企业 2020 年文创销售额达 1.8 亿元，2021 年 1 月至 10 月销售额达 1.9 亿元，其中六成以上受访企业建立自有文创开发设计团队，从销售进入开发、设计跑道，一部分出版机构也开始涉足文创设计与销售。[①]

2021 首届上海·书店自有文创节集结了图书销售行业具有自主文创产品的 9 家公司，约 630 余种文创新品亮相，在为期一周的时间内，这场位于朵云书院·戏剧店三楼的小型文创集市共卖出 2 万元销售额。其中上图书店文创、"读者文创""世纪朵云"文创，分别展示了近年来书店文创发展潮流中三种不同模式的文创品牌经营特色。上图书店紧邻上海图书馆，改建后的书店强化了上海图书馆的特色资源，针对图书馆馆藏历史文献图册等资源开发文化创意产品，形成自身独特的文创亮点。如小校场年画、西文善本、古籍、碑帖等馆藏珍品，都成为上图文创的设计灵感来源，为其文创产品赋予历史故事与民俗风味。2020 年上图文创推出取材于小校场年画的系列文创产品，荣获上海优选特色伴手礼金榜第一名。

小校场年画诞生于清末上海小校场一带，记录了上海开埠之初的市井民俗和洋场风情，目前存世仅千余幅，其中上海图书馆藏近 300 幅，数量为海内之冠。上图文创应用这一得天独厚的资源优势，将寓意祥瑞的年画作品转化为生活日用品，赋予文创产品丰富的文化内蕴。如五谷丰登料理盘的图样取自上海图书馆藏小校场年画《蚕花茂盛·五谷丰登》，这幅作品为彩色套印，由上洋筠香斋出品。因养蚕易生鼠害，而猫能克鼠，因此江南民间各地盛行张贴"蚕猫图"以祈求蚕业兴旺、五谷丰登。作品中猫、蝶、牡丹三者并见，皆为民间传统吉祥图案，寓意耄耋（音"猫蝶"）富贵，寄托了富贵吉祥、长寿延年的美好祝愿。设计转化后的五谷丰登料理盘以无铅全面物理钢化玻璃为媒介材料，聚丙烯贴画形式呈现年画作品，细节清晰生动。为了提高产品的使用安全，料理盘的表面玻璃耐热温度达 200℃，背面涂层耐热温度 90℃，底部硅胶脚垫耐热温度为 120℃，满足了购买者对文创产品实用性、安全性的心理期待。在使用功能方面，五谷丰登料理盘既能发挥食物料理盘、水果盘、砧板、隔热垫等功能，同时又可作为美化空间的装饰摆件。尤其令人印象深刻的是该产品在挂牌卡片上除了印有必要的产品信息外，还特设了

[①] 参见《上海图书销售行业文创市场现状及发展前景研究调研报告（2021）》。

"五谷丰登"小校场年画的详细文字介绍，透过创意产品向大众普及馆藏艺术佳品知识，提高了产品的文化含量与社会价值。同系列小校场年画料理盘另有一款长春富贵盘，图样出自上海图书馆藏小校场年画《长春富贵·西洋斗鸡》，同样是彩色套印作品，由吴文艺斋出品。在产品的挂牌卡片上印有该年画的民俗文化背景信息：阳出鸡鸣，民间传统认为鸡有驱邪镇宅的神性，年画中取其谐音"吉"，寓意大吉大利。画中雄鸡相争，雌鸡正带领雏鸡捕食毒虫蜈蚣，气氛热闹生猛，整幅作品洋溢着生机与活力，如图 3-10 所示。除此以外，上图文创的小校场年画系列文创产品还包含搪瓷杯、布袋、便利贴、贴纸、胸针、书签、文化衫、明信片等，构成了相当多元丰富的主题系列形象，如图 3-11 所示。

上图书店另一项成功推出的文创产品"热果朝天"玻璃盘，隶属于"徐家汇藏书楼"系列文创产品，该项目创意灵感缘起于 2020 年 11 月 2 日上海图书馆举办的年度精品文献大展《文明互鉴：上海图书馆徐家汇藏书楼藏珍稀文献展》。1897 年上海天主教耶稣会徐家汇总院改建竣工，

图 3-10　上图书店小校场年画系列文创产品：五谷丰登料理盘、长春富贵料理盘

图 3-11　上图书店小校场年画系列文创产品：胸针、搪瓷杯、文化衫、便利贴、贴纸等

东北角新辟出独立的两层书室，上层藏西文典籍，收有十数个学科的欧西图书 8 万余册，下层为中文书库，藏有历代善本及各地方志约 12 万册。1956 年，徐家汇藏书楼划归上海图书馆，此后先后收入亚洲文会图书馆、海光图书馆、原上海租界工部局图书馆，藏书数十万册，成为海内西文珍本及近代报刊的典藏圣地。上图书店推出的"热果朝天"玻璃盘是"徐家汇藏书楼"系列文创之"生机"系列的一套产品，全部图样来源于徐家汇藏书楼藏的《中国植物志》，该书由波兰籍耶稣会士卜弥格（Michał Piotr Boym，1612-1659）所著，1656 年维也纳初版，是欧洲第一部关于远东和中国动植物的著作。书中描述了二十

多种植物及若干种动物，共计有 23 幅手工上色的彩色图版。这些迷人的图文素材被设计转化为视觉语言精彩的全新文创产品。直径 15.5 厘米无铅钢化玻璃制成的玻璃盘色彩缤纷，极富烂漫活泼的生命力，配合精美的包装盒与原书手绘图稿及文献说明卡片，形成历史文化典籍与现代商业设计的完美融合，如图 3-12 所示。

上图书店依托上海图书馆内充沛的历史文化资源，从馆藏精品中提取适合转化为文创产品的视觉元素，融入实用产品的创意设计中，这种转化方法使原本只可远观的文化艺术藏品被赋予了可亲近、可获得的大众化特征，扩大了受众群体的传播范围。上图书店提倡的文创研发理念是："用

图 3-12　上图书店"徐家汇藏书楼"系列文创产品："热果朝天"玻璃盘

书籍和文化，赋予产品感动人心的力量。"因此，热爱图书文化的人们可以在上图书店内发现由馆藏善本龚心钊藏宋拓本《九成宫醴泉铭》转化设计的九成宫醴泉铭冰箱贴、由馆藏善本宋余仁仲万卷堂家塾刻本《礼记》函套衍生设计的《礼记》藏书票雕版体验套装、以馆藏清内府四色抄本《江流记》《进瓜记》转化设计的四色精抄笔记本和手账本、提取馆藏李国松含德堂《瘗鹤铭》中文字衍生设计的晴雨伞，等等。事实上，目前绝大多数的美术馆、博物馆、画院等品牌书店都采用这种文化创意思维，不断挖掘自身藏品及优质展览资源，提取适合的灵感元素进行衍生设计，使文创产品成为静态历史文化遗产的活态传承。

2021 上海·书店自有文创节另一个具代表性的特色案例是"读者文创"。《读者》创刊于 1981 年，截至 2019 年 5 月累计发行量已突破 20 亿册，是中国杂志界具有代表性的刊物，2020 年品牌价值达 353.69 亿元。[①] "读者"书店与"读者文创"先后创立，以"读者"品牌赋能产品文化价值，通过

① 参见《上海图书销售行业文创市场现状及发展前景研究调研报告（2021）》。

创意设计、跨界合作等途径，以不同媒介形式探索"读者"品牌文化传播的可能性，致力于成为书香生活的品质创造者。"读者文创"推出的产品围绕"书香生活"，以"关心阅读、关心生活"的纸质类文具产品和生活类日用产品为主。目前在售的文创产品近 50 个品牌，品种多达 1650 种。以设计上独具特色的读者·笔记本为例，由于《读者》刊物广泛的传播力，它的封面版式为大众读者所熟知，设计团队通过这一传播优势，将刊物封面的版式直接应用于笔记本的外观设计。不仅如此，为了增强品牌

文创笔记本的互动性与趣味性，在封面版式的图片位置特意设计了模切镂空，邀请插画师创作多幅可替换的主题插页，包括创刊 40 周年纪念款、敦煌款、凌云（吴昌硕作品）、桃桃（吴昌硕作品）、迎新客（金山农民画）、读者·敦煌印象、沪印象·石库门等 30 种，通过手工替换，购买一本笔记本可以获得多种外观式样的变化可能。读者·笔记本还提供定制封面的服务，以DIY 封面的方式打造专属于自己的笔记本，有趣的创意深受读者青睐，如图 3-13 所示。

作为亚洲地区发行量最大的杂志，《读

图 3-13　"读者文创"推出读者·笔记本

者》也难免受到期刊业整体下滑的影响，在近十多年来持续努力的转型过程中，先后创设"读者"连锁书店、"读者文创"品牌，将期刊、书店、文创贯穿起来，保留老牌杂志的熟悉与温暖，同时开拓出版发行与书店业的新领域。在"读者文创"的经营范围内，包含了与书香生活息息相关的各类产品，从钢笔、书签、台历、包袋一直拓展至香水甚至家具。读者"闻香识书系列"香水将书香与水香融合，优雅沉稳的外观造型及包装设计都与《读者》提倡的阅读品味相呼应，成为2021上海·书店自有文创节上一抹亮眼的色彩，如图3-14所示。而"读者文创"与宜氧家居跨界合作推出的联名款家具"落山边几"则在造型设计与创意理念上充满了先锋派的勇气，以金属铁管与头层牛皮进行媒介混搭，整块皮料从桌面垂落并挂起，供盛放书籍刊物或其他物件，它形似瀑布的流线外观应和了品牌推出的宣传语"日照室内生紫烟，一看瀑布挂旁边"，创造出新奇的产品体验与人文意味，如图3-15所示。

图 3-14　"读者文创"推出的"闻香识书系列"香水

图 3-15　"读者文创"与宜氧家居联名推出的"落山边几"

"世纪朵云"文创由隶属于上海世纪出版集团的上海世纪朵云文化发展有限公司推出，公司旗下有思南书局、朵云书院广富林店、朵云书院旗舰店、思南书局·诗歌店等自营门店，致力于打造一批集书房、讲堂、展厅、会场、文苑、客厅等多种功能于一体的新型阅读文化空间。这些在新业态发展中兴起的复合型书店不仅在建筑空间上充满文化格调，其间陈列出售的书籍与文创产品同样富有创意。尤其值得关注的是，"世纪朵云"注重旗下各类书店不同特色的发掘与形象衍生，强化书店建筑风貌与品牌文创设计的关联性，从整体视角打造"书店+"的品牌文化形象。目前，"世纪朵云"文创合作品牌约150多个，约有3000多种产品，自有文创产品约占10%。[①]以具有旅游文化地标意义的思南书局文创产品为例，这家坐落于上海市复兴中路517号，于2018年4月23日（世界读书日）正式开业的复合型书店曾是冯玉祥将军的旧居，诗人柳亚子也曾两度寄居于此。书店所在的百年建筑有着老洋房的独特风貌，吸引着众多读者与游客每天络绎不绝前来观光。随着书店开业周年的到来，为了纪念也为了更好地推广书店特色的文化品牌，思南书局推出了以书店经典建筑外观为造型的"思南印象"系列"转声"八音盒。这件

精美的音乐盒以1:200的微缩模型展现思南书局整体建筑外观，花坛、阁楼、窗棂、台阶等原建筑的结构及细节都被仔细还原。为了传递"书籍是人类进步的阶梯"，特别将音乐盒的底部设计为两本堆叠的精装皮书，沿用了思南书局的配色：复古砖红色与豆绿色。此外，在底座精装皮书之上还设计添加了一枚金色的梧桐叶，梧桐作为上海城市的象征，飘落在思南书局建筑模型的门前，象征着思南书局打造"梧桐树下，人文心脏"的理想追求。在音乐盒的曲目选择方面也颇费心思，以1971年美国乡村民谣歌手约翰·丹佛（John Denver）一首名为《乡间小路，带我回家》（Take Me Home, Country Roads）作为旋律来源，取其中最动人的音乐片段，用18音机芯将全长15秒的悠扬曲调带给读者，上满发条的音乐盒可以连续循环播放1-2分钟。温暖的旋律伴随着思南书局经典建筑的外观，为聆听者构建起对于书店的美好想象：有书的地方，便是所有爱书人的故乡，如图3-16所示。

将书店文化品牌塑造纳入城区文旅产业发展规划已成为当前保护传承城市文脉、提升城市软实力的重要内容，书店文创产品在此趋势之下需要突出两方面功能特色：首先，体现书香文化即图书出版与文创产

---

① 参见《上海图书销售行业文创市场现状及发展前景研究调研报告（2021）》。

图 3-16 "世纪朵云"思南书局建筑外观与文创音乐盒

业的融合；其次，塑造城市记忆即书店文创与历史文化空间的关联。"世纪朵云"文创在思南书局推崇并实践的文创理念是将出版业、书店业、文创产业、旅游产业进行多元"跨界"组合，分析城区不同的历史人文、产业环境、消费需求、文化审美、生活习俗等对业态融合发展的需求，借助复合型实体书店不断升级的空间功能，提升书店文化空间及其文创产品的社会经济价值。在思南书局·诗歌店特别开辟的文创区域内，据说有超过450种以上的文创产品，这些产品主要分为品牌文创及"世纪朵云"自有文创。"世纪朵云"自有文创推出的不仅有定制款丝巾、冰箱贴、包袋、笔记本等常见文创品，还有特制的梧桐叶巧克力、老上海手绘路牌冰箱贴、诗歌店主题徽章，以及突显百年教堂建筑特色的艺术瓷盘和

教堂元素摆件等。店内还有一款应用 3D 打印科技制作的思南书局·诗歌店建筑模型装饰品，通体纯白的教堂造型引人进入纯净的诗歌世界，如图 3-17 所示。书店以自身所处的百年历史文化建筑为切入点，通过创意设计与新媒介技术树立书店专有的现代都市公众形象，文创产品不再只是提高书店营销额可有可无的附属商品，而是以实际物质形式承载并传播书店品牌精神，成为新型复合实体书店公共文化空间的重要组成部分。

除了强化经典建筑外观造型的文创开发理念，思南书局还特别关注红色文化传承与地域文化风貌，新推出的一款名为"真理的味道非常甜"的巧克力棉花糖从立意到产品包装都非常引人瞩目。这款创新食品类文创产品是为配合思南书局的红色主

图 3-17　"世纪朵云"思南书局·诗歌店建筑外观与文创产品

题展览特别开发的，产品荣获当年度上海旅游商品设计大赛二等奖。它的灵感来源于《共产党宣言》中文全译本首译者陈望道先生的一则广为流传的故事。据记载，1920年3月，陈望道接到上海《民国日报》主编邵力子来信，说《星期评论》主持人戴季陶约请他去沪上相商翻译《共产党宣言》一事。陈望道留日时就读过日文版《共产党宣言》，出于对马克思主义的崇敬与信仰欣然应承。为了有安静的环境，陈望道回浙江义乌县城西分水塘村老家，开始了《共产党宣言》的翻译。陈先生在翻译《共产党宣言》时废寝忘食，将母亲为其准备的粽子误蘸墨汁而非红糖食用，可是却仍觉得很甜。思南书局将这则动人的故事转化为食品文创的灵感，墨汁本不甜，是信仰的味道比红糖更甜。在推出"真理的味道非常甜"巧克力棉花糖之前，思南书局已经推出过同样创意概念的黑巧克力，以排块巧克力形式进行包装，而新推出的巧克力棉花糖包装则以多边立柱套盒形式呈现，造型新颖，别具一格，受到书店读者与游客的欢迎，如图3-18所示。"世

图 3-18　"世纪朵云"思南书局"真理的味道非常甜"食品文创产品

纪朵云"文创在思南书局文化空间内推出的红色文创产品不拘泥于固有思维，通过年轻化的产品包装呈现中国共产党诞生地上海的红色基因和红色传承，使信仰与真理的甜味具体可感、铭记于心。

历史建筑、风貌街区、革命遗址、工业遗迹，这些最能展现城市品格的建筑场景正成为复合型实体书店与出版文创的独特载体，出版发行销售与大文化产业的融合发展趋势为书店文创提供了多元创新路径，同时也赋予了更多的社会公益使命。艺术展览、学术讲座、人手工技艺研习、休闲娱乐餐饮等成为复合型实体书店新的内涵主题，通过营建开放式的文化交流环境，形成传播出版文化的公共地标。随着出版业与书店业的转型升级，这些传统业态更深入地融入社会公众生活，进而承担起文化记忆空间构建、历史文化保护与传承、书店品牌建设与输出等使命，为当前出版文创产业的融合发展推波助澜。

第二节 新经济、新业态背景下的图书文创实践

2021年5月，文化和旅游部、国家新闻出版署为落实《中华人民共和国国民经济和社会发展第十四个五年规划和2035年远景目标纲要》要求，先后印发《"十四五"文化产业发展规划》《关于组织实施出版融合发展工程的通知》，提出以文化创意、科技创新、产业融合推动文化产业高质量发展，推进出版深度融合，引导出版业大力实施数字化发展。融合发展与数字化转型已成为文化产业升级的核心趋势。2021年12月，由上海三联书店与高校设计学、编辑出版学专业合作共同实施的"新经济、新业态背景下图书文创新模式探索"项目成果发布会在上海三联书店·山脚下的书店顺利召开。这项围绕图书出版与文创融合的创新理念项目依托出版社、书店、高校专业团队，以及国家新闻出版署可信数字版权生态与标准重点实验室的协同支持，联合共建研发平台，就图书文创、数字转型、版权共享、融合出版等业态前沿领域展开实践与理论探索。在2020-2021年持续一年左右的项目建设期间，完成由上海三联书店出版发行的寰宇文献系列丛书《彩图欧几里得几何原本》《古书珍赏：英伦印刷史》，热门畅销书《西方古典音乐故事》《海错图爱情笔记》《食物起源事典世界篇》，学术文化类书《希腊艺术史》《维特根斯坦与杜尚》，共7个图书子项目近30件图书文创产品，同时创新配套设计了17项数字文创产品。由项目研发成果申请的13项

国家外观设计专利、11项美术作品著作权，以及5项序列美术作品著作权，全部实现了知识产权成果的有效转化。这些从图书主题衍生创意的文创产品，突破了当前大部分复合型书店内文创产品与图书主题互不关联的客观现状，在品牌IP共享与图书文创数字化转型方面取得了一些值得借鉴的突破与进展。

（一）品牌IP共享与图书文创数字化转型

"新经济、新业态背景下图书文创新模式探索"项目通过与上海三联书店开展行业深度合作，探讨多元业态融合发展与数字技术应用对传统出版业转型升级的促进作用。1932年，新闻出版业先行者邹韬奋先生创办生活书店，享誉出版界的三联书店就此在上海发端。上海三联书店是解放日报报业集团旗下的著名出版社，出版物包括中外人文社会科学著译、高品位文化类读物，兼及高校教材、专业工具书、实用知识类图书等，先后创立了"上海三联人文经典书库""上海三联法学文库""上海三联·思想与社会文库""上海三联学术文库"等学术文化出版品牌。1986年复社

以来，有百余种图书获得包括"中国图书奖"在内的各类奖项。而2005年创立的上海三联文化传播有限公司则是由上海报业集团解放日报社、上海三联书店有限公司、上海绿地集团共同出资成立的股份制企业，秉承上海三联书店"真诚生活、认真读书、追求新知"的出版宗旨，承担上海三联书店全部图书的发行和经营工作，并依托上海三联书店开发图书出版项目，以及相关文化产品。上海三联书店自2015年开始涉足图书零售行业即实体书店经营领域，先后在上海朱家角、金山、佘山、新天地等处陆续开设出版社品牌书店。此后，又在宁波、北京、西安、武汉等国内十余个城市相继开出了十多家新型复合型实体书店和上百家三联阅读空间，在图书出版、书店营销、阅读空间、文创产品等方面拥有充沛的出版品牌授权经验。根据上海三联书店提供的现有全国各地实体书店门店面积及文创区域配套面积数据，文创区域面积占据书店总面积平均值在36%以上，如表3-1所示，从中可窥出版品牌授权的复合型实体书店对于出版文创产业的持续关注与积极促进作用。

表 3-1 上海三联书店全国门店面积及文创区域配套面积[①]

序号	实体书店名称	总面积	文创区域面积	文创区域面积比重
01	上海山脚下的书店	907 平米	400 平米	44.1%
02	上海山脚下的书店·观堂店	500 平米	200 平米	40%
03	上海新天地店	500 平米	200 平米	40%
04	北京朝阳大悦城店	3000 平米	1200 平米	40%
05	北京微言小集	200 平米	50 平米	25%
06	西安中大国际店	902 平米	300 平米	33.26%
07	黄山桃源书店	800 平米	300 平米	37.5%
08	建德江南秘境书店	600 平米	200 平米	33.33%
09	（上海）崇明稻田里的书店	600 平米	100 平米	16.67%
10	武汉江汉路步行街店	720 平米	330 平米	45.83%
11	重庆磁器口后街店	700 平米	300 平米	42.86%

近年来上海三联书店授权品牌 IP 的冠名实体书店数量不断增加，受到大众读者与市民游客的欢迎。从最初在朱家角放生桥畔开设的"旅人书房"主题书店以来，陆续开放了首家海滩书店金山城市沙滩店，以及涵盖了电影观摩、亲子活动、咖啡公社等活动空间的佘山"山脚下的书店"，将复合型书店运营与城区独特的人文环境、旅游休闲、消费需求相匹配。在创建书店文化空间的同时，也为出版文创产业的创新产品孵化提供了良好土壤。这种基于出版单位授权品牌 IP 的运营模式，不仅有助于出版品牌形象的推广与图书产品销售额的提升，还开辟了一条实现出版文创产业

商标权、著作权、专利权"三权共享"的创新路径。

上海三联书店"新经济、新业态背景下图书文创新模式探索"项目的创新思维之一在于：探讨商标权授权、外观设计专利权与著作权共享的创新模式，构建出版文创与知识产权保护体系运作的新范式。项目围绕图书文创的开发与推广，由出版单位授权出版品牌的商标使用权，为图书文创研发团队提供冠名（或联名）支持，产品创意团队获得出版社商标使用权及部分图书版权应用的合法性后，在遵循出版社品牌文化、符合图书主题风格、融合多媒介技术的基础上，进行选题策划与生产制作。

---

① 表格数据由上海三联书店有限公司提供。

最终的研发成果申请国家外观设计专利与美术作品著作权，将成果知识产权与出版单位共享，并依托出版社品牌 IP 授权的实体书店、网络旗舰店进行线上线下销售与公开展示，实现知识产权成果的市场转化。上海三联书店主导的"新经济、新业态背景下图书文创新模式探索"项目从图书主题出发，衍生图书文创产品，参考借鉴了企鹅兰登书屋与"绝版"文创的成功合作经验，通过适用于本土的知识产权保护与应用模式创新，引导国内出版产业探寻自主研发及品牌文创的有效途径。

出版社授予实体书店商标使用权，为图书文创产品的推广提供面向社会与市场的实施条件，而外观设计专利权及著作权的申请与保护则为图书文创产品的研发与生产提供了必要保障。"世界创意产业之父"霍金斯认为创意产业是其产品都在知识产权法的保护范围内的经济部门，四种知识产权（专利、版权、商标和设计）构成了创造性产业和创造性经济的保障。[1]霍金斯曾指出知识产权（intellectual property）较之实物财产权（physical property）更依赖于法律和法规，知识产权只有在政府通过某项相关法律对其承认后才会存在，没

有法律，就不存在知识产权。[2]我国于 1898 年清政府出台《振兴工艺给奖章程》，首次从法律上承认发明创造的合法性和进步性。1912 年民国政府颁布的《奖励工艺品暂行章程》是我国最早的专利领域成文法。此后于 1941 年修订的《奖励工业技术暂行条例》，第一次提出"将保护之客体区分为发明、新型、新式样"，"新式样"即指"物品之形状、色彩或其结合而创作并适用于美感者"，对于外观造型的专利保护初具雏形。中华人民共和国成立后，从 1984 年第一部《专利法》至 2008 年修改的《专利法》均明确规定保护"外观设计"，即"对产品的形状、图案或者其结合以及色彩与形状、图案的结合所做出的富有美感并适于工业应用的新设计。"[3]出版业是最早实现大规模复制的产业，与其他创意产品相比，纸质媒介图书的一大优势来自多样化装帧带来的视觉美感以及文本内涵体现的价值品味，使其成为外观新鲜感与文化认同感兼备的创意产品。当涉及图书文创产品范畴时，外观设计的重要性就更突出了。当前我国创意产业整体良好的发展趋势促使外观设计专利在数量及质量上大幅提高，而出版作为联合国教科文组织（UNESCO）

---

① 张乃根：《创意产业相关知识产权》，上海交通大学出版社 2015 年，第 4 页。

② （英）约翰·霍金斯：《新创意经济》，王瑞军、王立群译，北京理工大学出版社 2018 年，第 92 页。

③ 《中华人民共和国专利法》（2008 年 12 月 27 日修正），第一章第二条。

界定创意产业时认定的第一文化产业，[①]在与其他文化产业融合创新的过程中，必然会促进新产品外观设计专利的增加，从而激发创意经济的更大潜能。

上海三联书店"新经济、新业态背景下图书文创新模式探索"项目的另一个重要创新思维在于图书文创的数字化转型。早于数字文创概念出现之前，数字媒介就使传统出版物从有形实体进入了虚拟界面，成为实现出版设计"再媒介化"的重要转变。比尔·布朗（Brown Bill）在其《质料性》一文中认为数字媒介相较于传统媒介略去了物体的质料性，具有去质料化的效果。[②]正是由于数字媒介的这一特征，反衬出传统出版物的质料性，引导出版业思考如何将当代技术、传统审美、社会文化三者结合，在技术逻辑与传统经验之间搭建桥梁，以迎合实体出版与数字出版融合发展的时代需求。出版设计作为出版物的外化体现，在理念上向整体策划、融媒介的方向发展。数字出版物的设计不仅是对传统纸质出版物的翻版或复制，将出版文本从一种媒介简单转变为另一种媒介。实际上，媒介融合

发展的新趋势要求出版设计发掘不同媒介各自的优势特点，以多元形式来丰富出版物的内涵表达。比如 2019 年德国红点设计品牌与传达设计类"出版与印刷物"组别的获奖作品《抽象田园》书册，即以现代设计理念结合传统纸书与电子书两种形式，发挥媒介融合的创意活力。该书册以中国古代田园诗派为主题，选择陶渊明、王维、孟浩然三位田园诗人共 24 首诗歌，用繁体中文、简体中文、英文依次表达田园诗的过去与现在、本土与海外。书册将繁体诗文部分设计为复古的图案文字，以此表达相对完整的古典诗歌样貌；简体注释部分则设计为局部缺省的汉字形象，象征传统文化的传承总是伴随着流失；最后的英文部分文本完整，却无法避免本土文化在转译过程中的意境流逝。书册的主题策划、文字形象、版式设计展现了今人对古典诗歌的理解，即古典诗歌的自身传承脉络在今天以一种"抽象继承"的形式再现。同时为配合这一主题立意，繁体中文部分以传统手工方式在树皮纸上印刷图文，简体中文及英文部分则以现代印刷工艺在宣纸与刚古纸上体现。

---

① 联合国教科文组织将创意产业界定为："包括出版、音乐、电影、工艺品与设计在内的文化产业。"原文：The cultural industries, which include publishing, music, cinema, crafts and design, continue to grow steadily apace and have a determinant role to play in the future of culture. 出自联合国教科文官方网站：http://www.unesco.org/new/en/culture/themes/creativity/creative-industries/2021 年 12 月 26 日访问。

② （美）W.J.T. 米歇尔，马克·B.N.汉森：《媒介研究批评术语集》，肖腊梅、胡晓华译，南京大学出版社 2019 年，第 47-58 页。

不同的纸质媒介呈现出时间脉络上的由远及近，材质的轻盈、简朴、自然特点，也契合了中国田园诗的精神内涵。有了设计理念完善的纸质媒介图书基础，数字图书的转换才能发挥更大的创意能量。《抽象田园》在电子书的转化与设计方面，应用epub专业电子书编辑软件，编创了内容完整的在线书册阅读版，读者通过扫码形式进行线上"云"阅读。电子书的版式设计既与纸质版图书呼应，又显示出电子书独有的互动特色，为用户提供不同于纸质媒介的强大交互功能。数字媒介使传统经典文本更易于在现代各类数字媒体平台上传播，满足对全方位、沉浸式阅读体验的需求，而传统文化主题与现代数字技术的整合则实现了出版物"再媒介化"后的文化认同感。

如图3-19所示。

相对而言，数字文创是另一个全新的探索领域。近两年与数字有关领域的发展势头强劲，在线新经济已成为文创产业发展的重要力量。新兴"数字文创"高速发展促使传统产业包括图书出版、广播电影电视、演艺、文博等领域积极探索数字化转型，在线应用场景设计及文化大数据应用被认为是数字技术衔接文创产业的有效途径，出版文创科技融合成为出版业新一轮转型升级发展的核心关键。从概念界定与技术内涵来看，图书的数字文创产品不等同于电子书，并不是将传统纸质书的文本内容直接转化为数字格式呈现，而是通过编创交互式小程序对图书内容及其文化衍生品进行动态创意展示，其中需要整合应用包括文本、图片、

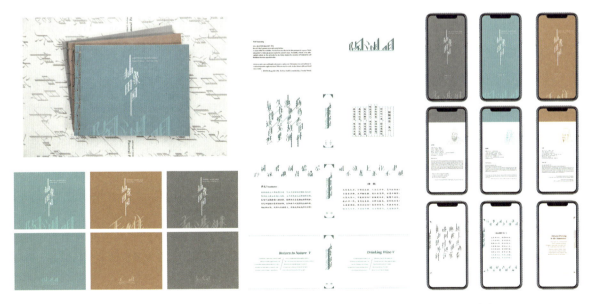

图3-19　2019年德国红点设计获奖作品《抽象田园》书册（纸质版、电子书）

音视频、动画、游戏等在内的多种媒介形式，功能包含且不限于图书内容介绍、出版品牌传播、沉浸式阅读体验、游戏互动、产品营销等方面。以图书主题为核心的数字文创衍生产品，由于脱离了一般实体文创产品所具有的物态功能属性，因而更着力于对图书精神品质的表达与思想价值的契合。较之实体文创产品，虚拟形式的数字文创产品更关注使用者在交流互动的体验过程中，是否满足了某种对图书内涵的理解与想象，产品自身的审美属性与精神属性被强化了。

对于一项完整的图书数字文创产品而言，主题内容贴切、形式丰富新颖、互动体验良好、技术运用成熟、传播影响广泛等特点，都是数字文创引领出版融合发展与数字化转型的创新优势。"新经济、新业态背景下图书文创新模式探索"项目成果包含17项被出版社录用的图书数字文创产品，这些数字文创产品在新品发布会甫一推出，就受到主流媒体与业内专业群体的高度关注。① 数字文创产品不占据物理有形空间，不产生质料资源的浪费，在复合型实体书店内可以任意穿插于图书及文创产品的陈列空间，多维度、立体化呈现图书产品的创

意魅力。读者和顾客凭借手机等移动设备，通过数字文创产品有选择性地保存、收藏、转发相关图书产品信息，扩充图书及其周边产品的传播渠道。从数字化转型与业态融合发展的视角看，图书数字文创促进出版业转型升级的未来前景值得期待。

（二）图书文创案例之一《古书珍赏：英伦印刷史》

寰宇文献精装四卷本套书《古书珍赏：英伦印刷史》（*Typographical Antiquities; or the History of Printing in England Scotland and Ireland*）是2019年2月由上海三联书店出版的英文版图书，作者为英国书目家威廉·赫伯特（William Herbert）、收藏家约瑟夫·埃姆斯（Joseph Ames），以及藏书爱好者托马斯·弗罗格纳尔·迪布丁（Thomas Frognall Dibdin）。威廉·赫伯特是18世纪英国书目家，以修改约瑟夫·埃姆斯的印刷古迹而著称，他曾经在国家公共图书馆和私立图书馆工作，并与一些珍稀书籍的拥有者保持通信联系。1810年，迪布丁编撰了《古书珍赏：英伦印刷史》，将约瑟夫·埃姆斯于1749

---

① 参见《从"山脚下的书店"出发，你体验过图书数字文化产品吗？》，上观新闻2021年12月11日；《上海三联发布文创新品》，《解放日报》2021年12月12日星期日第2版"要闻"；《如何给读者呈现别具一格的图书文创》，澎湃新闻2021年12月12日；《贝多芬成"门神"，欧几里得"做"台灯》，《新民晚报》2021年12月13日星期一第11版"文体新闻"；《在"山脚下的书店"，这些灵感源自图书的文创新品，让人脑洞大开》，新闻晨报周到上海2021年12月11日。

年印行的《古书珍赏》、威廉·赫伯特于1785年的修订本以及刘易斯（Lewis）的《卡克斯顿的生平》合并印行，整套图书印刷、装帧极为精美。迪布丁编订此书的目的是为唤醒人们对于古籍珍本的收藏热情。该书此后成为欧洲关于书目、书籍版本和书籍收藏的传世之作，同时也是一部精彩的英伦印刷史图文本。书中汇集了诸多欧洲古籍书影，被历代藏书家誉为"无上瑰宝"，独尊古书收藏界近两个世纪，影响直至今日。

上海三联书店引进出版的《古书珍赏：英伦印刷史》一套共4卷，如图3-20所示。前三卷分别于1785年、1786年和1790年由威廉·赫伯特在约瑟夫·埃姆斯成书于1471年的底本上扩充完成，第四卷由托马斯·迪布丁编写而成。内容包含了埃姆斯和赫伯特收藏的珍品图书、孤本，以及相关藏品信息。从历史视角展开，展现了迪布丁在英国雕刻艺术上的进步观点，同时收集了英国印刷和排版史上最重要的历史学家观点。面对这套由著名藏书家讲解古书珍本的原版图书，如果打算完全从文本内涵挖掘图书文创产品研发的创意灵感，恐怕过于浩瀚无从入手。因此，创意团队将关注力集中于书内精美丰富的插图视觉语言，英文原版文本则作为辅助解读的信息来源。正如迪布丁在该书卷首撰写的《英伦印刷史》广告词中所言，书中介绍英国首位印刷商威廉·卡克斯顿（William Caxton, 1422 ~ 1491）的印刷作品，在各卷中都有数量相当之多的相关铜版插图，"虽然铜版插图的摹写是为了装点印刷作品，但它也可以展现这个国家的姐妹艺术从兴起到发展的过程，给读者带来阅读的

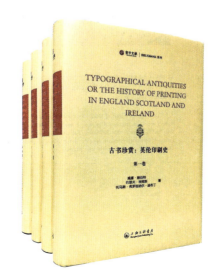

图 3-20　上海三联书店出版《古书珍赏：英伦印刷史》

喜悦。"① 这些充沛的图片视觉资源,成为创意图书衍生产品的第一手素材,如图3-21所示。

《古书珍赏:英伦印刷史》第一卷收录了卡克斯顿(Caxton)于1474年印制出版的《国际象棋》(*Game of Chess*)作为独立案例。为了满足读者的好奇心,作者附了一份详细的国际象棋人物描述,同时配以木刻插图摹本,从而使国际象棋人物在语言与视觉形象两方面直观呈现。这本初版印行于1474年的图书在第二版时内文共84页,整体配有24幅国际象棋木刻人物插图,② 珍贵的印刷图稿成为《古书珍赏:英伦印刷史》文创研发的首批资料。

原始图像的采集是文创产品进行创意的第一步。首先需要通过对图书的数字版

图 3-21 《古书珍赏:英伦印刷史》中的插图 ④

① (英)威廉·赫伯特,托马斯·弗罗格纳尔·迪布丁,约瑟夫·埃姆斯:《古书珍赏:英伦印刷史》,上海三联书店2019年,第一卷,第2-3页。

② (英)威廉·赫伯特,托马斯·弗罗格纳尔·迪布丁,约瑟夫·埃姆斯:《古书珍赏:英伦印刷史》,上海三联书店2019年,第一卷,第52页。

文档处理，导出书内有关《国际象棋》木刻人物形象插图的无损压缩位图格式，基础图形素材的获取有利于后期复制及演变创作各类图书文创产品。[①]该项目的第一项系列创意产品以钥匙扣的形式出现，作为人们熟悉的日常用品，钥匙扣随身携带的功能特性为随时推广图书主题提供了有利优势。该系列钥匙扣的形象主体来自于《国际象棋》木刻人物形象中的士兵，士兵的形象在书中并非单一存在，多样化的士兵木刻插图促成了系列钥匙扣造型的产生。为了使产品更凸显图书文创的主题，在士兵形象勾勒之外另附以书中的部分说明文字，

以此使产品造型与图书文本相对应。书中介绍的《国际象棋》八位木刻士兵形象各不相同，服饰道具也分别展现了不同的人物性格与身份特征。比如书中对第五位士兵的描述为：代表医生、香料师和药剂师，坐在椅子上右手拿书卷，左手捧药盒，腰间佩戴银铁器用于划开伤处检查伤口；描述第六位士兵：像客栈老板、马夫或卖食物的人，拿着面包和酒，腰带上挂着一串钥匙，正招呼着周围客人；第七位士兵被刻画为佩戴大串钥匙的城市守卫者，而第八位士兵则是掷骰子的人及信使，等等，[③]如图3-22所示。书中通过生动有趣的人物

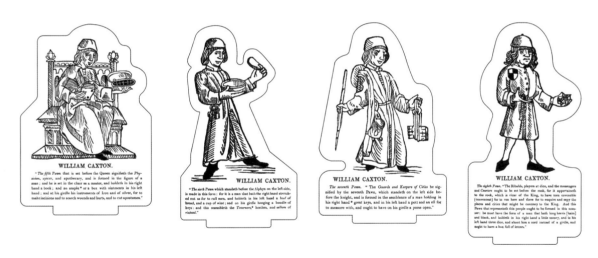

图3-22　卡克斯顿版《国际象棋》木刻人物形象（第五至第八位士兵形象）

① 《古书珍赏：英伦印刷史》图书文创项目系列文创产品创作者：祝云洁，吴昉。

② 图片出自《古书珍赏：英伦印刷史》第一卷 *On Early Engraving and Ornamental Printing*, xiii, xlv, 上海三联书店 2019 年。

③ 参见（英）威廉·赫伯特，托马斯·弗罗格纳尔·迪布丁，约瑟夫·埃姆斯：《古书珍赏：英伦印刷史》，上海三联书店 2019 年，第一卷，第 48-51 页。

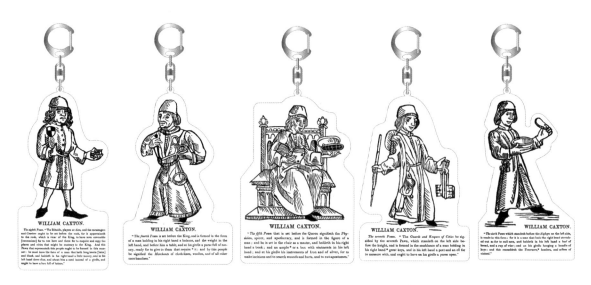

图 3-23　《国际象棋》士兵形象钥匙扣产品效果图

形象设定，详细讲解了士兵棋子在棋盘上的摆位，这些迥异的象棋人物造型各具特色又隶属于同一个士兵身份，为国际象棋士兵形象营造了和而不同的系列感。因此，当图书文创钥匙扣的系列产品效果图制作完成时，立即获得较高的认同感。另一方面，图书文字信息的融入，也使得产品有别于一般普通的文创产品，从造型与内涵都与图书主题紧密契合，如图 3-23 所示。媒介材质方面，钥匙扣选用透明亚克力材质，突显黑白木刻线条的造型美感。为了更好地制作与生产产品，以及保护产品的使用权益，另外绘制了产品六视图以符合申请国家外观设计专利的各项规范。外观专利权与出版社的图书版权共同构成了该项图书文创的知识产权保护体系，使得《古书珍赏：

英伦印刷史》文创研发成果的社会转化更具可持续性。

《古书珍赏：英伦印刷史》的第二款文创产品开发仍然以系列钥匙扣为主题，但在媒介材质与形式上做了全新的方案，以皮质为媒材，形式上创作了卡包与钥匙扣两种。这项设计在起初由于经验不足，在样品制作后出现钥匙扣底部开口过小导致钥匙无法穿过的结构问题，以及皮质过硬、缝线粗糙的缺陷。重新调整设计方案时，创意团队与供应商仔细核对材料特质及制作工艺，在皮料、金属钥匙扣、缝线材料与色彩，以及绑绳多方面严格挑选，最终确定制作 4 款 4 色不同皮质钥匙扣方案。其中棕色、蓝色钟形款钥匙扣的图案分别为《国际象棋》中的第七位士兵及国王形象，产品整体采用头层植鞣牛皮，这种皮质较为硬挺，适用于表现压印与雕刻工艺；黑色、灰色款梨形钥匙扣的图案出自《国际象棋》中骑士及第八位士兵形象，整体以头层铬鞣牛皮为材料，皮质相对柔软细腻，形成不同的触感效果。制作工艺方面主要采用烫印、手工烫压装饰线、缝线以及手工编绳。图案定稿后首先完成产品视觉效果图与六视图，便于准确制作样品，如图3-24所示。其次完成金属模板的制作，模板完成后可

用于复制压印图案，之后反复试验皮质的压印效果与缝线质量。为了使钥匙扣在视觉层次上更为丰富，应用不同缝线配色与皮质颜色形成对比的方法，如蓝色国王款的皮质钥匙扣面上缝线为橘色，视觉冲击较强烈，而棕色、灰色、黑色三款钥匙扣的缝线选择白色，配色略显秀雅。最后，不忘给产品设计特定的商标牌，一方面以模切卡扣结构来固定钥匙扣产品，另一方面用于展示产品，将图书文创的相关信息

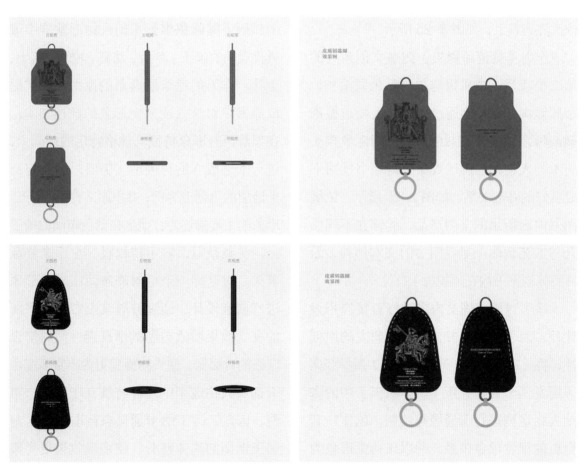

图3-24　《国际象棋》皮质钥匙扣的六视图及效果图（蓝色国王款与黑色骑士款）

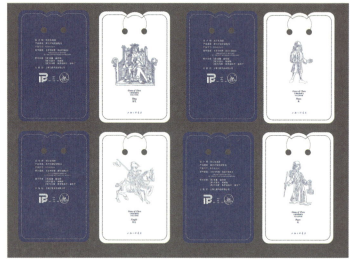

图 3-25　《国际象棋》皮质钥匙扣的金属模板与商标牌设计

依次陈列其上，如图 3-25 所示。

作为《英伦印刷史》图书文创系列的第二个项目，皮质钥匙扣成品色调柔和，触感温润，皮料上通过压印的人物造型准确清晰，形象还原书中有关《国际象棋》的木刻人物，在肌理效果上与原书插图形成良好的呼应关系，如图 3-26 所示。依循图书内涵衍生的文创产品，能够在不同媒介与工艺载体上呈现图书的文本精神，始终将体现图书内在风貌置于首位。

除了对原书图文内容进行直接应用设计外，为了增强图书文创项目研发的原创性，将《古书珍赏：英伦印刷史》所举经典印刷案例卡克斯顿版《国际象棋》中的木刻人物造型进行卡通版再绘制，创作一套全新的视觉形象体系，并以该视觉形象为基础进一步衍生文创产品。首先选择卡克斯顿版《国际象棋》木刻人物形象群中最具代表性的国王、皇后、法官、牧师、骑士、士兵，作为创意卡通形象的原型，依次提取原书中对这六位人物形象的描述文本，在理解原有形象特征与性格特色的基础上，进行卡通版本的再创造。仍旧以国王与骑士造型的再创造为例，书中原文有关"国王"形象的主要描述为：他坐在紫色布面的椅子上，头戴皇冠，右手持权杖，左手拿着金苹果。对这样一个相对静态而庄重的形象进行创意设计，通过打破其左右相对平衡的视觉效果增添造型的活跃感，同时增设国王的背面像，使人物面貌更为丰富多变。卡通版人物造型的总体特征在于圆润、可爱，因此，国王的卡通形象截取了原木刻国王造型的胸像部分，使视觉效果更为集中，造型更为"幼态"。为契合原书木刻

图 3-26　《国际象棋》皮质钥匙扣成品图

插画印刷的艺术效果，卡通版图稿以素色线描的方式呈现流畅的轮廓外形与主题细节。简约的线条勾勒出原书对"国王"的文字描述，而正面童趣化的脸部五官描绘，以及背面撅起屁股显得憨态可掬的漫画处理方式，为原书中的国王赋予亲切、可爱的形象特征，也为新造型增添了一份滑稽生动的诙谐趣味，如图 3-27 所示。

相对于卡克斯顿版《国际象棋》中国王端庄正面的形象特征，骑士的原型为侧

图 3-27　卡克斯顿版《国际象棋》"国王"原型与卡通版正、背面形象设计

身像，书中原文有关"骑士"形象的描述为：全副武装，头戴头盔，右手拿长矛，左手执剑和权杖；胸前披有铠甲，腿上系护腿，脚后跟有马刺，手上有护腕，他的马受过良好的训练，善于战斗，周身配备武器。卡通版同系列"骑士"形象同样创作人物的正面及背面两种形象，以原型胸像以上部分为创意主体，采用与卡通版国王线描形象反向的阴刻视觉效果，突出墨色块面的分量以体现人物内在的力量感。线描与墨色填充的表现形式，契合原书木刻艺术效果，更贴近骑士骁勇、神秘的个性特色。创作过程中最大的改动来自于将骑士原型的侧身像改为正面形象，这样改动的结果增强了卡通人物形象的视觉冲击力，当然，视角的转换也需要调动更多完型的想象力，把原本不可见的另一侧面补充、还原至正面肖像的刻画中。与此同时，正面形象的呈现也更能突出表现骑士原有的武器装备，一些装备如盾牌、头盔等，在新的正面视

图中得以完整刻画，如图 3-28 所示。

依照卡克斯顿版《国际象棋》人物"国王"与"骑士"的创作风格，完善其他人物造型，构成该书介绍的主要人物卡通系列形象，如图 3-29 所示。总体来说，卡通版《国际象棋》的人物形象弱化了原著中木刻人物的成熟感与年龄感，突出了天真、好奇、单纯等造型特色，因而更适用于满足年轻一代对图书文创产品的期待和需求。将原创系列卡通风格的正、背面形象独立申请系列美术作品著作权，与外观专利权一样，知识产权的价值在于成功转化与应用。因此，在《国际象棋》卡通版人物系列形象的基础上，对原书的文创研发展开进一步创意。在文创产品范畴中，包袋类产品是相当常见的品类，尤其帆布质料的包袋，特有的质朴与简洁感非常符合图书文化传递的人文气息，是最受读者欢迎的书市文创品之一。然而帆布包袋过于普及又容易使人产生千篇一律的审美疲劳，为了解决

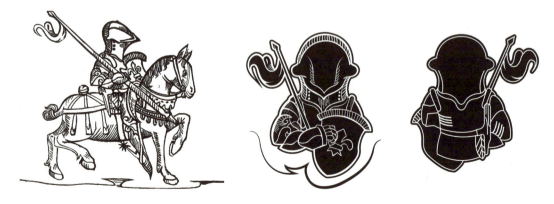

图 3-28 卡克斯顿版"骑士"原型与卡通版正、背面形象

图 3-29　卡克斯顿版《国际象棋》其他人物的卡通创意形象

这一问题，从媒介材质上进行突破或许是简洁有效的途径。其中对媒材的了解影响到产品方案的最终可行性，是提交方案稿前必须谨慎考虑的环节。

《古书珍赏：英伦印刷史》第四个系列项目针对图书包裹与携带的功能需求，选择 PVC 镭射膜包装材料作为图书文创书袋的设计媒材，这种材料由于能在光线下呈现炫彩变幻的视觉效果且薄透可见包中物品，在市面上还被称为"炫彩果冻包"。考虑到将相应的主题图书放置于包袋中，既能隐约透出袋中书籍的名目信息，又能在阳光下闪耀各种变化的镭射色彩，材料的转变表达了对传统图书文创包装袋的一

种创新尝试。同时，由于图书作为文化产品，外在的包装应与书籍内在的人文特质相匹配，PVC 镭射材料中过于闪烁鲜亮的品种被首先排除在外，双色渐变或单色材料成为该系列产品确定的最终方案。制作之初，由于对 PVC 镭射原材料不够熟悉，在制作样品时遇到一些挫折，比如最初定稿的色彩方案为蓝紫色调镭射渐变，而实际查看 PVC 镭射膜材料时发现这种渐变没有完全对应的色号，如果再深一度则对比过于强烈；又如单片 PVC 镭射材料在边缘处有一定锋利度，不适用于直接手握，因此原设计方案中的模切镂空以供手提的想法也被否定了，如图 3-30 所示。诸如此类的失误

或不良细节在3次改稿后逐步得到修正。通过不断思考书袋在放置书本及随身携带时潜在的功能需求，一些改良方案逐渐出现在设计终稿中。如考虑到单面材料具有一定锋利性，就在书袋开口处增设了一个折叠面，使开口边缘有个圆润的弧度，不那么锋利，以此提高整体书袋的亲和性；再如重新设计了书袋的背带部分，将原来的长背带调整为透明圆润的PVC空心管状提手，手握时圆润舒适。此外，适当增加提手高度，使提手的设计同时适用于手提和肩背。最终成品是正反面印有"国王"原创卡通形象及图书信息的蔚蓝色半透明书袋，整体通透明朗，拥有符合图书内蕴的温文尔雅气质，又不失年轻活泼的产品活力一，如图3-31所示。

蓝色款"国王"炫彩书袋的容量可承载约3本平装书或2本精装书，体量相对较小，满足读者随身携带、轻便出行的购书需求。在此基础上，出于图书文创市场对大容量书袋的需求，创意团队萌生了开发一款容量较大书袋的想法，同样以PVC包装材料制作，

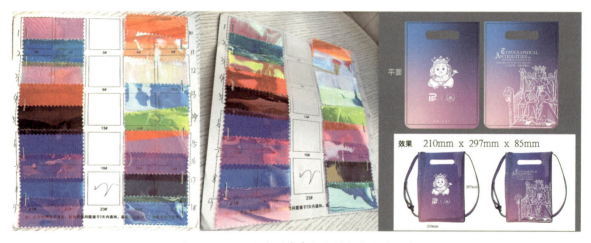

图 3-30　PVC 镭射膜色卡与文创书袋设计初稿

图 3-31　《古书珍赏：英伦印刷史》书袋设计：蓝色国王款

选择更为低调的黑色镭射透明款，体现沉稳大气中略带琉璃五彩的视觉效果。图案方面，采用另一个受欢迎的卡通形象"骑士"作为书袋主题，与蓝色国王款书袋形成同一系列，包型设计为附有背带的中型容量包，如图 3-32 所示。在设计方案与创制过程中，为了突显原创卡通造型的骑士图案，将原图进行色彩的反向处理，使图案在黑色半透明 PVC 材料上获得强烈鲜明的视觉效果，放大的骑士卡通图案独立印于书袋一侧，聚焦视觉中心。整个书袋从色彩与造型上都与骑士图案神秘硬朗的风格相匹配。书袋的另一侧印有详细的图书信息，哥特体的英文字型沿用原书内文字体，使文创书袋与图书的关联更为紧密。此外，由于黑色款书袋的体量偏大，袋口也相应较大，

完全敞开式的设计可能会导致书本或其他物件洒落，因此在书袋开口处添加了一枚深铁灰色揿钮，方便扣合固定。黑色款"骑士"炫彩书袋打造简单利落的功能特色，为使用者增添了几分"携书走天涯"的潇洒气度。

除了以上围绕图书主题内容的实体文创产品外，《古书珍赏：英伦印刷史》创新研发了配合图书的数字文创产品。在着手研发图书数字文创产品之前，首先需要从图书定位、创意目的、传播影响三方面进行思考。如《古书珍赏：英伦印刷史》作为寰宇文献精装四卷本套书，全英文版，价格不菲，它的目标群体并不是随意购书的普通读者，而是拥有特定学术需求的专业群体以及具个性化阅读趣味的小众读者群体。图书的定位决定了数字文创的风格

图 3-32 《古书珍赏：英伦印刷史》书袋设计：黑色骑士款

类型与创意目的。《古书珍赏：英伦印刷史》的数字文创研发是为了吸引更多读者群体走进著名藏书家的古本收藏，使经典图书不局限于小众化的"文化孤岛"，激发潜在阅读人群的好奇心而创作。因此，扩大图书出版的传播影响范围，提升大众对精品书系的阅读品味，以较为生动有趣的视觉表现形式展现图书的内涵之美，成为本项数字文创产品创意的主要目的。综上所述，"学术趣味化"是《古书珍赏：英伦印刷史》数字文创产品追求的核心特征。

数字文创的交互式小程序编创从构建框架、设计各单元主题起始。参照《古书珍赏：英伦印刷史》的图书文本结构，依次设置封面与扉页，突出精装系列套书的外观装帧形象，并提取原书中印刷人物图案元素作为扉页的特色装饰。点击扉页后进入主菜单页面，其中设计三个子单元分别为：概说图书、插图一览、周边好物，各自延伸介绍图书内容、经典印刷配图，以及图书的实体文创产品。搭建清晰有序的逻辑框架，有助于在正式编创图书数字文创产品的过程中始终保持思维的严密性与设计的合理性。完成编创后设置发布标题与封面内容，这样使用者通过扫码获取产品应用权后就能够第一时间看到图书的主题信息，如图 3-33 所示。

按互动程序设计的路径从扉页进入主菜单"中心大殿"之后，通过左右滑动屏

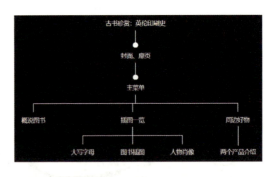

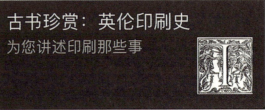

图 3-33　《古书珍赏：英伦印刷史》数字文创二维码、分享标签、样机效果、逻辑框架①

---

① 《古书珍赏：英伦印刷史》图书文创项目数字文创产品创作者：翁歆，吴昉。

幕可浏览三个子单元的主题。"中心大殿"的设计处于整个数字文创产品的核心位置，主页面采用古典建筑柱头衬托古书中精美的印刷图案，配以飞翔的白鸽动画，与背景古典音乐融合，烘托出沉浸式的优雅氛围。分别点击字母徽章印刷图案，可进入专门介绍图书内容、原版插图，以及文创衍生品的数字空间。如点击进入"插图一览"后，展开的界面为古典花卉墙纸背景空间，悬挂的三幅精美装裱的印刷插图都出自原书中列举的经典古书。伴随着动画

效果及手形示意图标，使用者可再进一步点触画框探寻插图画廊。进入"图书插图"新界面的空间以博物馆展厅环境为设计主题，放大的插图宛如博物馆中悬挂的艺术品一般，可供读者观赏各局部细节；进入"人物肖像"新界面的空间变换纯黑色背景，对比强烈的视觉效果衬托出印刷图案特有的线条美感，将原书中有关《国际象棋》木刻人物插图的形象立体化地展现在读者面前，如图3-34所示。依托于图书文本衍生的数字文创产品，在内涵上较之常规

图3-34　《古书珍赏：英伦印刷史》数字文创产品"中心大殿""图书插画"空间展示截图

交互式小程序更偏重于传达的信息含量，因此在编创过程中多次利用长拉页的设计 形式为使用者提供流畅丰富的图文信息，如图 3-35 所示。

图 3-35 《古书珍赏：英伦印刷史》数字文创产品之"周边好物"单元展示截图

（三）图书文创案例之二
《彩图欧几里得几何原本》

第二项图书文创研发项目来自于寰宇文献丛书的另一套经典著作：由爱尔兰数学家奥利弗·伯恩（Oliver Byrne）所著的《彩图欧几里得几何原本》。该书的图书分类是科学技术类，针对的目标读者群体是数学几何爱好者。众所周知的《几何原本》是古希腊数学家欧几里德在公元前 300 年完成的传世之作，被称为现代数学之源，奠定了西方科学思想的逻辑体系。书中提出了一系列意义重大的公式及定理，建立起严密的推导逻辑，帮助人们借助数学几何去看待并理解世界。而奥利弗·伯恩于 1847 年出版的《彩图欧几里得几何原本》

可以算是《几何原本》的一个特别创意版本，他在书中以蓝、红、黄明快亮丽的彩色线条、角、图形替代原有的字母，用创新视觉设计语言重新编排，使几何论证过程一目了然且富有装饰美感，如图 3-36 所示。奥利弗·伯恩在序言中表示赋予几何色彩是为了更好地展现证明思路的精妙。这本早于蒙德里安"冷抽象"红黄蓝构成艺术的创意几何读本，以其独特的色彩与理性审美影响了现代主义的包豪斯运动和风格派运动，成为全世界各个《几何原本》版本中辨识度最高的一版，并对再版创新产生影响。2017 年西班牙出版人克罗内克·沃利斯（Kronecker Wallis）推出更适合现代设计审美的极简风格新版《几何原本》，其编创形式和视觉风格就重点参考了奥利弗·伯恩的版本，

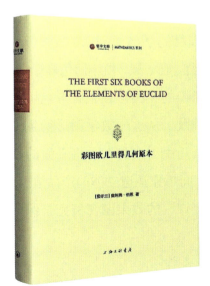

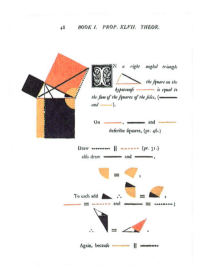

图 3-36　上海三联书店出版《彩图欧几里得几何原本》

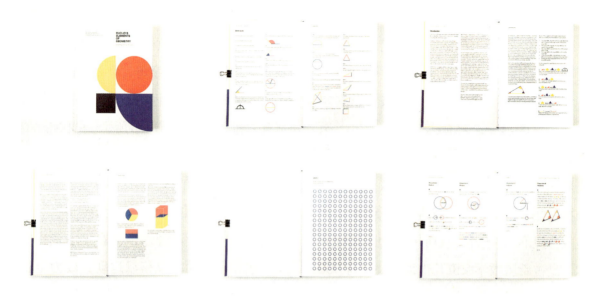

图 3-37 2017 年克罗内克·沃利斯出版的新版《几何原本》

以奥利弗·伯恩的彩图风格完成了整套《几何原本》全部 13 册的全新编辑，如图 3-37 所示。选择《彩图欧几里得几何原本》作为文创研发项目的选题，主要出于它的色彩几何图形在视觉上优越的构成效果和装饰艺术性，书中活泼明快的色彩令人印象深刻，奥利弗·伯恩本人也因此被称为"数学家中的马蒂斯"。这些极富特色的视觉元素为图书文创的衍生与创意转化提供了充足的想象空间。

图形是数学的"灵魂伴侣"，图形也是产品造型的基础，《彩图欧几里得几何原本》系列文创的最主要灵感来自于书中色彩跳跃的几何图形与数学符号，联想到数学是点亮人类科学理性思维的光芒，因而在具体产品的定位上将灯具作为首要创意对象。[1] 设计团队从原版图书内文中寻找能启发思维并且适合创意衍生的图形元素，其中论证"在给定正方形内画圆"的页面首先引发了创意联想。[2] 该页插图将正方形面积四等分，以红、蓝、黑、白不同色彩标识，明黄色线条描绘的正圆形在正方形色块上显得醒目而跳跃。从这一数学图形衍生出创意产品"欧几里得夜灯"，将平面的几何图形通过空间想象塑造立体的产品造型。"欧几里得夜灯"的效果图初稿完整保留

① 《彩图欧几里得几何原本》图书文创项目系列文创产品创作者：李启文，吴昉。
② （爱尔兰）奥利弗·伯恩：《彩图欧几里得几何原本》，*BOOK IV. PROP. VIII. PROB.* 上海三联书店 2020 年，第 133 页。

了《彩图欧几里得几何原本》的用色方案，立体建模的产品视觉外观高度还原了几何图形的比例关系，同时以六视图的形式清晰表现产品的各个视角，如图3-38所示。从图书主题内容与其创意产品的关联度来看，"欧几里得夜灯"可以称得上形神兼备，然而在后续的产品打样和制作过程中却遇到了现实困境。

首先，为了塑造"欧几里得夜灯"多彩的外观形象，对媒介材料的选择范围最初设定为玻璃、陶瓷、塑料三种，众多选择标准中材质表现色彩的饱和度是重点考虑方面之一，而作为灯具，材质的透光性也是必须考虑的客观因素。遗憾的是在征询制作商具体材料和工艺后发现，上述三种材料均无法充分满足设计与功能的需求，

且打样成本高昂。此外，"欧几里得夜灯"的立体正方形边缘及角度过于锐利，某种程度上也使产品在打样成型过程中陷于制作困境而无法解决。正当第一设计方案停滞期间，另一个融合了创意思维与改进措施的"欧几里得台灯"方案诞生了。与第一款灯具设计的创意思维一致，第二款图书文创灯具同样从书中丰富的配图获取造型灵感，巧妙之处在于将取自不同页面内容的几何图形相互拼合，构成了一盏台灯完整的灯罩和灯座部分。"欧几里得台灯"的灯罩造型设计来源于书中关于"从给定点画一条与给定直线垂直的线"的辅助配图，[①]等腰三角形构成了灯罩的罩面外观，连接底部两端的弧线恰如透过灯罩漫射出来的光晕效果；台灯的底座外观则受启发于书

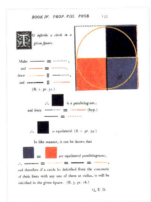

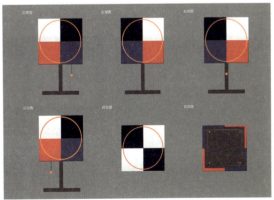

图3-38 欧几里得夜灯的设计方案效果图初稿

① （爱尔兰）奥利弗·伯恩：《彩图欧几里得几何原本》，*BOOK I. PROP. XII. PROB.* 上海三联书店2020年，第12页。

中有关圆形内切于正六边形的几何配图，[①]将这一造型创意应用于灯座的底部造型。在完稿的产品六视图中，仰视图所展现的正六边形金属底座与圆形的灯罩边缘恰好构成外切的视图效果，以此与书中原有配图形成相辅相成的对应关系。台灯在底座之上另外加设了3个脚托，分别以红色正圆、蓝色正方以及黄色三角造型契合《彩图欧几里得几何原本》的图书主题。在产品挂牌及外包装盒的平面视觉设计上也延续了

几何制图的简约风格，用直线和虚线结合色块的方式勾画出产品的整体造型，展现数学几何之美，同时配以文字"圆形的红，方形的蓝，三角的黄，合成理性的光芒，透过空间与本质，点亮人类科学思维。"如图 3-39 所示。

"欧几里得台灯"在材质及工艺制作方面，灯罩与半圆形底座采用了优质仿云石材质，这种材质的透光性较好，触感平滑且带有自然肌理纹样。灯罩与半圆底座内

图 3-39　欧几里得台灯的产品及包装设计方案

① （爱尔兰）奥利弗·伯恩：《彩图欧几里得几何原本》，*BOOK IV. DEFINITIONS.* 上海三联书店 2020 年，第 124 页。

都装有空心环形可替换 LED 灯，上下同时打开增加了整体的台灯亮度。灯杆与六边形底座用黑色金属制成，在底座上安装了拨动开关，同时连接电线上还另设有总开关，方便光源的开启控制。为了使底部的仿云石灯座透气且有空间感，底座底部设计了 3 个几何形状的立体脚托，使用亚克力材料，三种明快的色彩与《彩图欧几里得几何原本》中的几何图形相同，增加了台灯的趣

味性和观赏性，如图 3-40 所示。"欧几里得台灯"成品的暖白色光源上下辉映，将灯罩与灯座仿云石材质面上的肌理纹样映衬出来，投射在周边环境中，仿佛光源在静静流淌。整体近 30 厘米高的台灯小巧稳妥，富有几何造型之美，适用于卧室、书房等空间环境，如图 3-41 所示。

除了灯具以外，《彩图欧几里得几何原本》丰富的视觉元素为其他平面纸质媒介文

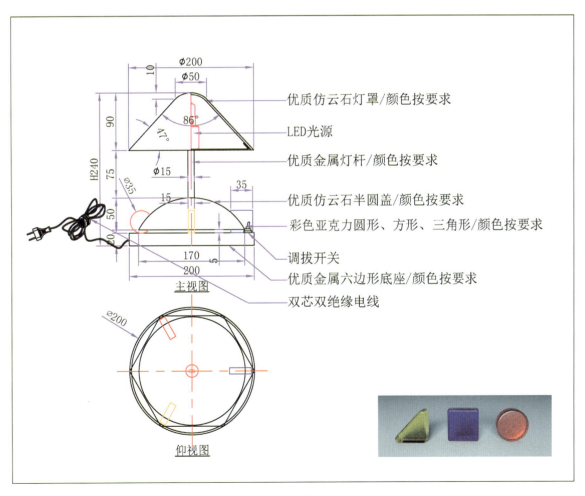

图 3-40 欧几里得台灯的制图稿及 3 个脚托建模效果

商品信息
Product Information

品名：欧几里得台灯
系列：《彩图欧几里得几何原本》文创系列
材质：亚克力、仿云石
尺寸：200mm×200mm×280mm
光源：暖白光

图 3-41　欧几里得台灯的成品效果

创的衍生设计提供了得天独厚的创意灵感。通过对原书中彩色几何图形的变形、复制、打散与重构，一套由 14 张明信片组成的"欧几里得明信片"纸质图书文创产品诞生了。该项文创产品选择了常见的明信片作为设计载体，将创意亮点聚焦于图形的多变与色彩的大胆运用。品红色与米黄色构成了整套产品的主题色，对比鲜明的色彩强化了明信片在视觉传播效果上的张力。各种彩色的大小几何图形穿插在平面构图中，滤去了公式与论证步骤后的几何图形呈现出点、线、面的构成艺术，结合强烈的色彩，赋予这套"欧几里得明信片"理性又不失明媚活力的抽象特征，如图 3-42 所示。材质方面这套图书主题明信片采用了 300 克的进口条纹艺术纸，印刷色彩营造出复古怀旧的

气氛，略带纹理的纸面触感，使产品更显质感。值得一提的是，这套系列文创还特别设计了图书主题字体，使书籍内容与设计形式协调统一，如图 3-43 所示。

作为图书文创的创新成果，在创意制作《彩图欧几里得几何原本》数字文创产品时，研发团队对产品的互动性与趣味性投入了更多关注，《几何世界，别样有趣》是一项基于数学几何互动小程序的图书及文创推广数字产品。[①] 出于对图书主题及内容形式的考虑，《几何世界，别样有趣》数字界面设计的整体风格定位于理性科学所特有的静穆典雅，贯穿其中的交互式小游戏则为该数字产品增加了亲和力。该产品结构框架设计为单线路径，按照界面的提示滑动屏幕，依次进入不同的子单元。封

① 《彩图欧几里得几何原本》图书文创项目数字文创产品创作者：王子燕，毛海雨，玛丽娅·吐尔逊，吴昉。

图 3-42　欧几里得全套明信片及外包装设计

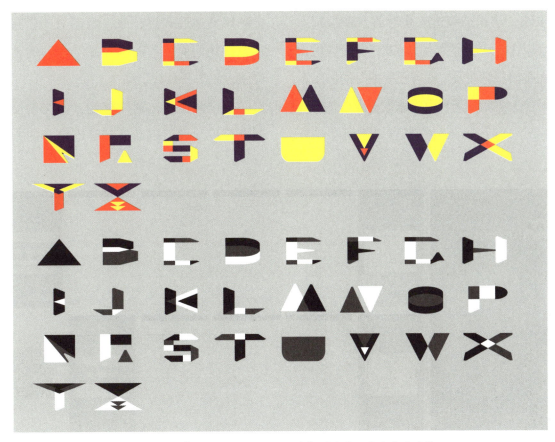

图 3-43　《彩图欧几里得几何原本》图书主题全套字母设计

面墨灰色的主色调背景前浮现出欧几里得的个人形象，层次细腻丰富的人像仿佛从历史中走来，为人们点亮科学之光。按照封面右下角闪烁跳动的"LET'S PLAY"引导，点击进入数字文创的小游戏互动界面。在游戏单元环节，依循先后顺序共设计了两款互动小游戏，第一款几何小游戏以"已知一条边，用所给工具构造一个等边三角形"命题。读者根据界面下方浮动闪现的手部指示，按步骤即可通过绘制两个相等且相交的正圆构造一个等边三角形的游戏目标。利用数字文创直观简洁的游戏步骤，将构造等边三角形的一种绘制方法呈现在移动端屏幕上。游戏任务完成后，界面跳出三颗星及"任务已完成"的指示，同时配上美籍匈牙利数学家波利亚（George Polya，1887~1985）的名言"几何学是在不准确的图形上进行正确推理的艺术"。

第二款几何小游戏以"作一条直线，平分给定角"为命题，同样通过明确易懂的步骤引导，使参与者顺利完成绘制圆形、连接交点、作垂直线、利用等腰三角形底角相等原理论证该垂直线即已知角的角平分线。整个过程流畅明了，在轻松愉快的游戏步骤中实现几何制图的游戏目标。任务完成界面配以数学家丘成桐的名言"音乐的美由耳朵来感受，几何的美由眼睛来感受"，结合这款数字文创悠扬的古典音乐背景，将几何原理的制图与论证过程以视觉和听觉的感性体验表述出来，为图书《彩图欧几里得几何原本》的推介赋予灵动的艺术美感，如图 3-44 所示。

《几何世界，别样有趣》的文创及图书推广单元设计以动态与静态结合的方式

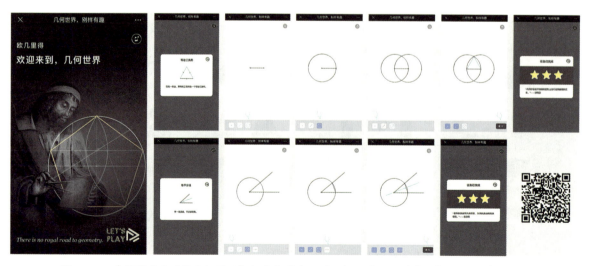

图 3-44　《彩图欧几里得几何原理》数字文创产品《几何世界，别样有趣》小游戏单元界面

图 3-45 《彩图欧几里得几何原理》数字文创产品《几何世界，别样有趣》文创推广单元界面

呈现。在欧几里得明信片的推广界面上，读者通过点击数字界面上 7 张图书主题明信片，可以翻转解锁另外 7 张明信片，从而使整套 14 张明信片完全展示。滑动界面进入欧几里得台灯的文创产品介绍单元，这一单元展现了欧几里得台灯的产品造型效果图，以及创意灵感在书中对应的图形出处。最后进入数字文创的最末页，界面展现了图书出版与文创产品的联合信息，主题明确，前后呼应，如图 3-45 所示。在这项图书文创案例中，图书出版、实体文创、数字文创三者融合，构成围绕出版物主题的文创组合概念。

（四）图书文创案例之三 《教养狗：狗主人须知》

第三项图书文创研发项目来自上海三联书店引进出版关于宠物教养主题的生活科普类图书：《教养狗：狗主人须知》。

该书作者布鲁斯·弗格（Bruce Fogle）毕业于加拿大圭尔夫大学安大略兽医学院（Ontario Veterinary College, University of Guelph in Guelph, Ontario），是一位拥有超过 50 年兽医实践经验的执业兽医（DVM），同时也是英国皇家外科兽医学会会员（MRCVS），曾经出版多本关于猫狗类教养、行为、生理学及历史方面的国际畅销书，包括国内已出版的《养猫百科》《养狗百科》《养猫指南》等。布鲁斯·弗格常年在世界各地开办讲座，在电台、电视台演讲，并在国家级杂志和报纸上发表文章，在动物健康及行为方面的专业研究领域享有国际声誉。这本《教养狗：狗主人须知》中，布鲁斯·弗格分享了他超过 50 年宠物医生实践的心得，无论是选择纯种狗或混种狗、弄清楚怎样与宠物狗建立最美好的关系，还是照顾宠物狗的健康和幸福等方面，都有细致周详的具体指导。读者通过阅读本书，可以懂得如何选择最适合自己生活方式的犬类品种，了解如何正确评估不同品种犬的个性，学会解决宠物狗训练、喂食、疾病等方面的问题，如图 3-46 所示。

与同类图书相比，《教养狗：狗主人须知》展现了三方面的出版优势。首先，该书收纳了近 400 幅配图，丰富的视觉形象以及图文并茂的编创风格，使读者仅仅翻阅书中各种宠物狗的相关图片，就能获得一种阅读享受与情感共鸣。其次，书中知识点全面，包括教养宠物狗的全面知识，从选择合适的犬种、新狗进家所需准备、简易训练宠物犬，到养狗可能面对的问题、犬类健康知识等内容，分章节与知识点，逐一向读者讲解。文字活泼、知识丰富，是每一位狗主人的必备指南。最后，这本书不仅传授教养宠物狗的知识，也在传授一种"养狗哲学"，书中文字处处流露出对宠物狗的爱，以及对人与宠物狗之间关系的思考。

一般而言，图文混合编排是宠物类科普图书常见的编创设计形式，为了使读者更直观、更形象地从外在到习性了解宠物，同时提升图书内页的视觉审美效果。然而也正是由于这样的编辑特色，使得各种宠物科普类图书在视觉呈现上趋于雷同，读者可以从书中描述的宠物品种关联到自身的宠物经历从而产生"共情"，却较难从同类出版物中辨别不同的编创风格与出版特色。概而述之，宠物科普类出版物的个性化特征普遍偏弱，尤其体现在视觉形象的传播方面。基于上述原因，对《教养狗：狗主人须知》的图书文创项目研发将重心投射于如何树立一种独特而鲜明的宠物形象，更好地唤起读者的情感共鸣，通过视觉印象建立起与图书的内在关联。

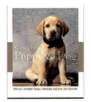

图 3-46　上海三联书店引进出版《教养狗：狗主人须知》

《教养狗：狗主人须知》IP形象设计基于原书主题展开想象，虚拟了3只宠物犬的卡通造型，代表上海三联书店"生活·读书·新知"的企业文化。3只性格不同的宠物狗形象设计分别来自三种最受人们喜爱的犬类品种：金毛寻回犬、边境牧羊犬、贵宾犬。由于《教养狗：狗主人须知》是一本科普性较强的图书，在犬类品种的选择上特意挑选了三种不同体型中智商卓越的品种，比如中型犬边境牧羊犬智商排名第一、小型犬贵宾智商排名第二，而大型犬金毛寻回犬的智商排名第四。这3只宠物犬组成了"大中小三联三只狗狗一家亲"的整体形象，在视觉上形成由低至高的身高梯队，使这套图书宠物犬IP形象的设计层次感更为分明。此外，创意团队依据不同犬种的性格特征为宠物犬IP形象进行了拟人化设定。其中，金毛寻回犬作为大型犬的代表，体格匀称有力，性格热情友善，是最常见的家犬之一，它的IP形象取名"蛋黄"，造型可爱亲和，是三联宠物犬大家庭中的"调味剂"。取名"蛋黄"是由于它在形象上有着金黄柔软的毛发，与善良温和的性格。金毛寻回犬是犬类游泳界的能手，因此"蛋黄"被设计为游泳喜好者，它能勇往直前，为主人赢得荣誉。中型犬边境牧羊犬取名为"乖乖"，边境牧羊犬生性聪颖、忠诚，能准确迅速地领会主人的指示，学习能力

强、服从性好的个性特征使它相当受人类欢迎。当然，调皮好动也是"乖乖"的性格特点之一，在三联宠物犬家庭中它是永远长不大的"机灵鬼"，接飞盘是"乖乖"最擅长的运动。最后一位粉白色漂亮伶俐的贵宾犬"娇娇"是宠物犬IP系列中的小型犬。贵宾犬活泼敏捷，体态优雅，娇小匀称，对人类非常亲近，是相当讨人喜欢的宠物犬。在性格塑造方面，"娇娇"可爱娇气，因其叫声响亮被誉为三联宠物犬家庭中的歌唱家。三联宠物犬IP形象设计通过拟人化的创作手法，将三种常见宠物犬的品种、起源、性格、饮食、喜好等以讲故事的形式描绘，打动爱狗人士和狗主人的心。

《教养狗：狗主人须知》宠物犬IP形象的视觉设计与展示效果主要突出两方面：第一，家庭氛围感的营造；第二，沉浸式场景的构建。对于养宠物的家庭而言，宠物是家中不可分离的成员，拥有宠物可以为家庭增添很多情感的慰籍，体验更多相处的温暖。因此，在描绘及呈现三联宠物犬IP形象的过程中，特别突显了3只宠物犬之间的亲密关系，以此渲染和睦温馨的家庭气氛。比如，在该系列IP形象的展示画面中，每一幅介绍宠物犬独立形象的画面都有其他成员作为客串角色相互映衬。金毛寻回犬"蛋黄"的介绍页面中，贵宾犬"娇娇"在地板背景上出现，刻意模糊的处理

使整幅画面产生摄影"大光圈"的对焦效果，聚焦点在"蛋黄"身上，"娇娇"的出现既不抢镜，又能丰满画面故事情节，为观者平添了一份身处温暖家庭现场的沉浸体验。在隆重介绍贵宾犬"娇娇"和边境牧羊犬"乖乖"的单独画面中，也都能看到融于背景环境的其他家庭成员。这种设计处理方式，使专为该书创作的系列宠物犬IP形象之间建立起紧密的维系，读者也会依循设计暗示，在视觉引导的想象空间内创造一个圆满完整的宠物家庭观念，如图3-47所示。

《教养狗：狗主人须知》IP形象为了给读者营造一个沉浸式氛围的体验感，在视觉效果图设计方面，将IP形象宠物犬活动的环境范围拟定为上海三联书店坐落于各地的新型实体书店。比如，以上海"地标"黄浦区新天地区域内的上海三联书店

READWAY门店为目标环境，进行场景插图描绘，"蛋黄""乖乖""娇娇"3只活泼可爱的三联宠物犬在画面中欢腾玩耍，如图3-48所示。借由这一创意理念，将出版物、出版物IP形象、出版社冠名实体书店，三者互为融合，构成一个设计方案的有机整体，通过图书文创新思维为读者创造围绕图书主题、充满想象的立体感知世界。

以3只宠物犬的IP形象设计为基础，围绕每个IP形象继续衍生发展，将"蛋黄""乖乖""娇娇"拓展为3个系列的表情包。生动的表情、灵活多变的姿态，以及恰如其分的文字图案，促成了整套共30个互不雷同的图书文创表情包。经过反复调整与改进后，《教养狗：狗主人须知》的首套图书IP形象文创表情包在微信平台上线了，如图3-49所示。这是图书文创的

图3-47 《教养狗：狗主人须知》IP形象视觉设计之一

图 3-48　《教养狗：狗主人须知》IP 形象视觉设计之二

图 3-49　《教养狗：狗主人须知》IP 形象表情包

数字创新应用，也是今后出版文创数字转型的发展方向之一。依托社交软件平台，使图书文创爱好者与潜在读者通过日常化的社交与沟通渠道，传播出版物相关信息。相较于传统图书推广，图书 IP 文创的设计及应用探索了出版物的创意转化潜能，让出版物与当下生活紧密关联，有效延长了出版物的市场需求时效性。

实体文创产品方面，创意团队从产品视觉外观与使用功能两方面传递书籍主题。比如，特制版《教养狗》手账本的设计与制作，开本采用了异形模切工艺，以宠物狗可爱的脚掌形状为外形，摊开展平后可以呈现出完整的小狗脚掌，如图 3-50 所示。手账本是近年来受青年群体喜爱的文创小物，它并不单纯理解为简单的笔记本，而是包含了生活感悟、日程安排、消费收支等各种内容记载功能，在记录文字信息的同时，经常配以精美的手绘插图，以及用艺术胶

带、各色丝带、花边、贴纸、印章等作为装饰，可谓不受拘束的个性化创作手工随身本。在特制版《教养狗》手账本的内页设计中，特别增加了如"狗的来源""测试小狗的个性""家庭守则""购物清单""能量来源"等主题插页，使手账本成为记录宠物狗与家庭成员共同成长的特殊纪念本。此外，内页的版式设计也丰富多样，有专门用于记录日程和事件的大方格页，也有日记、周记专用页，以及小方格页和点阵页等，各种式样满足使用者不同的需求。值得一提的是手账本的内页空白处随处可见图书主题 IP 宠物犬"蛋黄""乖乖"和"娇娇"的生动形象，将文创产品与图书 IP 形象相关联，进一步强化了《教养狗：狗主人须知》的图书内涵。

另一件实体图书文创产品出于对宠物犬日常生活功能需求的考虑，将产品设定为宠物地垫。地垫的整体轮廓按图书 IP 形象中边境牧羊犬"乖乖"的形象勾勒。活泼好

图 3-50 《教养狗：狗主人须知》图书文创产品：手账本

动、爱意满满的小狗"乖乖"在长近80厘米、宽50厘米的地垫上热情地张开怀抱，吸引宠物犬主人的目光。材料和工艺方面，"乖乖"宠物犬地垫选用了触感温暖柔软的复合羊羔绒面料，以移印工艺即在不规则异形材料表面印刷的特种工艺展现"乖乖"IP形象，同时应用包边、模切、局部烫金等工艺形式完成产品的制作，[①] 如图3-51所示。

由于《教养狗：狗主人须知》图书系列文创的整体创意核心是将书中关于宠物犬的文字描述和图像信息拟人化，构建一个充满人情温暖的宠物大家庭形象，因此，该项图书的数字文创研发将侧重点落于情景故事编创上。《教养狗：狗主人须知》的数字文创产品以IP宠物犬形象中的金毛寻回犬"蛋黄"为主角，通过第三视角描述"蛋黄"的故事，从而推广图书及相关实体文创产品。[②] 数字文创的封面设计元素简洁，"蛋黄"憨态可掬的头像与三个手写字体突出了出版物主题，不仅封面用字，整套数字文创的字体均采用统一的手写字体：一方面为使画面更具协调性，另一方面也为整体风格注入浓郁的人情味。通过页面底部小狗脚掌图标的提示功能，引导读者滑动界面进入故事的情境之中。首先进入读者视线的是一个模拟的手机屏幕，编创团队虚拟了主人与宠物医生的对话，由此得知"蛋黄"生病以及新书出版的主要信息。依次

图3-51　《教养狗：狗主人须知》图书文创产品："乖乖"地垫

---

① 《教养狗：狗主人须知》图书文创项目系列文创产品创作者：陈子琦，郭菁，张页。
② 《教养狗：狗主人须知》图书文创项目数字文创产品创作者：王玮慷，袁少壮，吴盼。

滑动界面浏览，就可以了解到两个多月大的"蛋黄"由于缺少主人足够的关心和陪伴，患上了"分离焦虑症"。之后根据《教养狗：狗主人须知》书中的专业内容，向读者详细解释何为"分离焦虑症"，以及如何正确调养好自己的宠物狗。编创过程中特意在数字界面上展现了纸质图书的页面，使图书有效内容在新、旧媒介之间灵活转换，为读者增添阅读与互动的新奇感。最后，隆重推出上海三联书店新出版的《教养狗：狗主人须知》图书广告，并在此后的连续3个界面中介绍了这本书的衍生文创产品。在数字文创封底界面上，围绕画面一圈的"蛋黄"洋溢着幸福温暖的笑容，以"等你呀～"

为结束语，给读者留下俏皮可爱的体验感，如图 3-52 所示。

就目前而言，图书数字文创产品的创意构成方式并不拘于单一模式，在流程设计上可以搭建往复式多线框架，也可以采用单向故事线引导。内容方面既可以依循图书章节铺陈展示，也可以跳脱出电子书的编排规范，对原书进行 IP 形象创意及虚拟故事编创等再次创作。传统出版业的图书销售和推广更多依赖于作者和主题自身，而进入出版融合的全新时期后，依托数字化转型与互联网经济，出版文创产业将向更多元化的阶段推进，图书数字文创的创新有助于出版品牌的塑造，使其在大众文

图 3-52 《教养狗：狗主人须知》数字文创产品

化产业中显示更独特的价值。

（五）图书文创案例之四
《海错图爱情笔记》

第四项图书文创研发项目来自上海三联书店 2020 年出版的畅销书《海错图爱情笔记》。这是"一本希望你吃得更有趣、活得更有味的书"，书中共包含了 30 种水生鲜物，既描述了它们的爱情与繁衍故事，记录了作者与茫茫食客因此体验到的美味与感受，同时还收录了多位吃做讲究的名厨、美食家私藏级烹烧经验与后厨秘技，是一本富有人文趣味的"爱与美味"笔记。该书被归为生活类美食随笔，全书共 19 篇随笔、12 份手账、30 幅灵动的鱼鲜"情爱图"，为读者带来个性随意且多元化的阅读快感。在装帧与印制工艺方面，《海错图爱情笔记》采用 16 开裸脊软精装式样，以艺术纸双色设计印刷，另外配赠全彩手绘《鱼水之欢》图册，营造精致欣悦的阅读体验，如图 3-53 所示。该

书作者王慧敏是一位美食作家，也是公众号"神婆爱吃"的创始人，2016 年曾出版《植物油图鉴》，对于结合生物常识与故事想象、随笔文字与图绘插画有着较为丰富的创作经验。实际上作为水产品生产和食用大国，坊间有关鱼鲜类美食主题的出版物却非常少见，《海错图爱情笔记》别出心裁，通过弥漫着鲜香的文字，读者不仅能从中看到对食物的欣赏与赞美，还能感受到对于那些洄游几千公里而终于人类口腹的生命的一种深刻尊敬与珍惜。这本受到广大爱好美食老饕们欢迎的餐桌休闲书，也因其充满想象力的文字叙述与活灵活现的原创手绘插画，成为图书文创衍生设计的优质出版资源。

《海错图爱情笔记》的图书文创系列产品以"鱼"生请多关照为谐音推广语，围绕图书鱼鲜美食的主题设计文创衍生品。[①]首先推出的一款图书文创产品即"鱼"生请多关照砧板。这套造型独特的砧板由一大一小两块鱼形砧板组合构成，大鱼小鱼砧

图 3-53　上海三联书店出版《海错图爱情笔记》

---

① 《海错图爱情笔记》图书文创项目系列文创产品创作者：龚鹰，王悦。

板轮廓流畅，流线型的边缘构造互为贴合，视觉上宛若一对情侣亲密依偎，同时又如太极八卦万物相生，巧妙地表达了图书的主题内容，如图 3-54 所示。这套创意砧板在使用功能上既可生熟食相区分，又能够一板多用，按喜好切芝士、面包、果蔬等，此外还能在咖啡下午茶时候作为托盘使用。材料和工艺方面，"鱼"生请多关照砧板采用优质进口实木，木料硬度高，具有天然清香，且遇水可快速干燥，不易滋生细菌，抛光打磨后，触感温润柔滑。创意砧板在细节的设计打造上也相当用心，以激光雕刻工艺在木板面上刻印出版文创的联名品牌，产生浮雕般的立体触觉效果。大、小鱼形砧板上同时模切打孔，圆孔造型在形象上仿佛鱼儿的眼睛，在功能上可以悬挂于厨房的任意合适位置，既充分利用了空间，同时也使食材的准备过程更安全卫生。主体产品设计之余，主题砧板还贴心地设计了专门配套的帆布包袋，印有蓝色大小鱼形图案的布袋系口处恰好露出砧板的鱼尾，营造"一尾鱼"的悠闲生活小情趣，如图 3-55 所示。

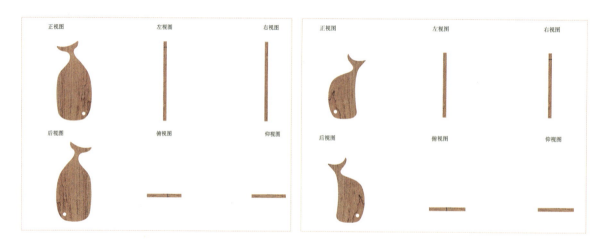

图 3-54 《海错图爱情笔记》图书文创产品："鱼"生请多关照砧板六视图

图 3-55 《海错图爱情笔记》图书文创产品："鱼"生请多关照砧板

为了突出《海错图爱情笔记》美食类休闲随笔的主题特色，第二件文创产品依然围绕厨房、烹饪等关键词为灵感来源，选择冰箱贴作为主题衍生设计的创意载体，"鱼"生请多关照冰箱贴应运而生。这款图书主题冰箱贴的图形创作受启发于书中细腻灵动的插图，以灵动曼妙的线条和鲜亮饱和的色彩创造了水母、海螺、虾3组共6个软磁冰箱贴。系列水母图形采用可食用水母海蜇作为原型进行设计，创造性地在水母的伞面结构中增添图案细节，使水母的身体内仿佛蕴藏着一个小宇宙。天马行空的想象与曲线柔软的轮廓，结合一冷一暖两种色调的配色方案，展现了水母形象梦幻多彩的一面。系列海螺冰箱贴的图形设计源于可食用贝类脉红螺，它略呈四方形的贝壳面较大，在各螺层中部和体螺层上部有一条螺肋向外突出形成肩角，肩角将螺层分为上下两部分，结构鲜明，线条硬朗，恰好与水母造型构成强烈的视觉反差。

色彩方面同样以冷暖两种配色方案呈现。系列虾的冰箱贴图案直接选用了随书附赠手绘图册中的螯虾繁衍图，螯虾体形较大呈圆筒状，甲壳坚厚，秋季交配，春季产卵。主题冰箱贴图案对原书手绘图稿进行了色彩加工，应用跳跃鲜艳的配色突显新奇大胆的设计理念。

冰箱贴是日用小装饰品，市面上的创意冰箱贴并不少见，与图书内容紧密契合的主题冰箱贴却并不多。对于冰箱贴的材质，这套"鱼"生请多关照冰箱贴并没有选择常见的树脂、金属或PVC材料，而是应用了金属与烤漆工艺结合的表现方法，即以金线勾勒轮廓线，在内部填充高饱和度的色彩块面，使衍生文创产品与原书线描插画的风格相对应。整套图书创意产品的配色令人眼前一亮，接近荧光色系的色彩表现充满了活力，既时尚酷炫又能促进食欲，符合年轻市场的审美意趣，如图3-56所示。

《海错图爱情笔记》的图书数字文创

图3-56　《海错图爱情笔记》图书文创产品："鱼"生请多关照系列冰箱贴

产品以海洋宽广无际的水底世界为创意灵感，以连绵的中国山水画卷为参照，横向铺展数字界面背景。扫码进入数字文创产品，《海错图爱情笔记》的图书信息与推广语即刻出现在视线之中，伴随着耳边响起的海浪声，犹如遨游在神秘海洋世界的深处。跟随界面下方闪烁浮现的海鱼指引，向右滑动屏幕，依次进入水母海蜇、海螺、鳌虾的主题单元页面，可以浏览观赏相应的创意图案。之后进入介绍图书文创产品的互动小游戏界面，雅致的古典山水画布局中，游动着许多海鱼，其中隐藏着关联"鱼"生请多关照系列冰箱贴的某一条海鱼，找到它，点触即能显现文创冰箱贴产品。全部系列主题文创冰箱贴都出现时，整个画面色彩缤纷，为素雅的画卷增添喜悦热闹的氛围。最后滑动界面出现闪烁着浮标的"鱼"生请多关照砧板帆布包，点触后会出现一套完整的创意砧板产品，大小鱼形的砧板在画面中毫不违和，优哉游哉，[①]如图 3-57 所示。

通过数字文创的精巧构思与完整呈现，读者以观览互动的方式了解图书及其全系列文创衍生品的相关信息，整个体验过程促使读者更了解图书文创的推广意图，对所介绍的出版物及其出版社怀有好奇之心，从而扩大出版的传播影响力。从业态现状和读者市场需求出发，促进出版产业融合发展，推进出版文创数字化转型的意义正在于此。

图 3-57　《海错图爱情笔记》数字文创产品

---

① 《海错图爱情笔记》图书文创项目数字文创产品创作者：郭承田，柳剑，李一鸣，冯程弋，吴昉。

后 记

　　2021年12月11日，上海三联书店图书文创新品发布会在"山脚下的书店"成功举办，这场图书文创发布会的主体产品由高校师生团队和出版社联名研发，是近年来出版领域产教融合的一场实践成果汇报。高校专业团队与出版社联合共建产教平台，就图书文创、数字转型、版权共享、创意营销、融合出版等业态前沿领域展开实践与理论探索。上海三联书店"新经济、新业态背景下图书文创新模式探索"项目的成果分为两部分内容，实体图书文创产品的策划设计与生产制作由上海出版印刷高等专科学校上海市一流专科教育专业（艺术设计）资助完成，数字图书文创产品的编创与发布则由上海理工大学国家级一流本科专业（编辑出版学）以及国家新闻出版署可信数字版权生态与标准重点实验室资助完成。在主持研发项目的一年多时间内，对目前国内有关出版文创产业的实践与思考最终促成了本书的形成。在此，特别感谢项目团队另两位负责成员龚鹰、张页老师，感谢上海三联书店黄韬、殷亚平老师的鼎力协助，以及学生团队主要成员李启文、祝云洁、陈子琦、郭菁、王悦、顾静瞳等人的辛勤工作。本书在撰写过程中因个人工作调动原因导致交稿时间延后，使负责本书编辑出版的南京大学出版社编辑付出更多的耐心与精力，在此也一并感谢！

　　成书仓促，舛误难免，期盼批评与指正，留待今后逐一改进。

2022 年 1 月 7 日